"中国劳模"系列丛书

U0723576

中国劳模

甘甜事业的逐梦人

贾拴成

李秀秀　廖静文◎著

吉林出版集团股份有限公司
全国百佳图书出版单位

图书在版编目（ＣＩＰ）数据

甘甜事业的逐梦人：贾拴成／李秀秀，廖静文著
. -- 长春：吉林出版集团股份有限公司，2024.3
（"中国劳模"系列丛书／徐强主编）
ISBN 978-7-5731-4492-8

Ⅰ.①甘… Ⅱ.①李… ②廖… Ⅲ.①贾拴成－传记
Ⅳ.①K826.3

中国国家版本馆CIP数据核字（2024）第012193号

GANTIAN SHIYE DE ZHU MENG REN: JIA SHUANCHENG

甘甜事业的逐梦人：贾拴成

出 版 人　于　强
主　　编　徐　强
著　　者　李秀秀　廖静文
组稿统筹　东北师范大学文学院创意写作研究中心
责任编辑　王　斌
助理编辑　张碧芮
装帧设计　张红霞

出　　版　吉林出版集团股份有限公司
发　　行　吉林出版集团社科图书有限公司
地　　址　吉林省长春市南关区福祉大路5788号　邮编：130118
印　　刷　唐山富达印务有限公司
电　　话　0431-81629711（总编办）
抖 音 号　吉林出版集团社科图书有限公司　37009026326

开　　本　710 mm×1000 mm　1 / 16
印　　张　8
字　　数　85 千字
版　　次　2024 年 3 月第 1 版
印　　次　2024 年 3 月第 1 次印刷

书　　号　ISBN 978-7-5731-4492-8
定　　价　40.00 元

如有印装质量问题，请与市场营销中心联系调换。0431-81629729

序 言

　　劳动创造财富，劳动创造幸福，劳动创造未来。习近平总书记在2020年全国劳动模范和先进工作者表彰大会上的讲话中指出："全社会要崇尚劳动、见贤思齐，加大对劳动模范和先进工作者的宣传力度，讲好劳模故事、讲好劳动故事、讲好工匠故事，弘扬劳动最光荣、劳动最崇高、劳动最伟大、劳动最美丽的社会风尚。"当今世界，综合国力的竞争归根到底是科技人才和高素质劳动者的竞争。改革开放以来，我们强大的工人队伍用辛勤的劳动和拼搏奉献的精神推动中国制造、中国智造、中国创造走向世界的前列，新时代的中国面貌日新月异。大力弘扬劳模精神、劳动精神、工匠精神，加强高素质技能人才队伍建设，打造一支宏大的知识型、技能型、创新型劳动者队伍，是伟大时代赋予我们的历史责任。

　　劳动模范是民族的精英、人民的楷模，是共和国的功臣。自改革开放以来，广大职工勇立改革潮头，独立自主，奋发图强，勇于创新，其中涌现出一批批全国劳模和大国工匠。他们参与建设了代表中国高度、中国速度、中国深度的一系列重大工程，提升了国家实力，打造了"中国名片"，树立了"中国品牌"，增添了"中国力量"，充分释放出工人阶级的创新活力，展示出大国工匠的强大创造力。他们以工人阶级的满腔热忱在各自平凡的工作岗位上取得了辉煌的成绩，书写了新时代的壮丽篇章。

爱岗敬业、争创一流、艰苦奋斗、勇于创新、淡泊名利、甘于奉献的劳模精神，崇尚劳动、热爱劳动、辛勤劳动、诚实劳动的劳动精神和执着专注、精益求精、一丝不苟、追求卓越的工匠精神，是广大劳动群众在社会生产实践中锤炼形成的弥足珍贵的精神财富，是工人阶级伟大品格的具体体现，是民族精神和时代精神的生动诠释。民族复兴需要劳动模范，祖国强盛需要大国工匠，中国制造、中国智造、中国创造更需要大国工匠的强有力支撑。劳模、工匠等的成长故事、先进事迹中承载的劳模精神、劳动精神和工匠精神，是激励全国各族人民团结奋斗、勇往直前的强大精神力量。

"中国劳模"系列丛书，采用图文结合的方式，讲述全国劳模、大国工匠和先进工作者们的成长经历及他们追梦、筑梦、圆梦的故事，用他们在平凡岗位上创造不平凡业绩的真实故事感染读者，推动形成劳动最光荣、劳动最崇高、劳动最伟大、劳动最美丽的社会风尚，引导广大技术工人和青少年形成劳动光荣、技能宝贵、创造伟大的观念。

"匠心筑梦，强国有我。"新时代是一个万象更新、生机勃勃的时代，也是一个继往开来、创新创业和建功立业的大时代。希望广大读者能以劳动模范为榜样，以大国工匠为楷模，立志技能报国、技术强国，踔厉奋发，勇毅前行，锤炼思想品格，汲取劳动智慧，勇于担当、勤于钻研、甘于奉献，为推进新型工业化和乡村振兴，为加快建设制造强国、质量强国、航天强国、交通强国、网络强国、数字中国、农业强国，全面建设社会主义现代化国家贡献青春力量。

中华全国总工会副主席（兼）

中国航天科技集团有限公司第一研究院

211厂14车间高凤林班组组长

2022年11月

　　贾拴成，1976年5月出生，河北新乐人，中共党员，本科学历。现任河北省农技协甘薯专业委员会主任、新乐市新农红薯种植专业合作社理事长兼党支部书记。

　　二十多年来，贾拴成一直从事红薯新品种、新技术的研发与推广。他先后培育出了新农1号、新农4号等新农系列红薯新品种，引进了几十个高产优质品种，每年向红薯种植户提供优质种苗五千多万株。他独创的红薯水浇地旱作高产栽培技术，有效解决了干旱地区栽培红薯不易成活、产量低的问题，降低了生产成本，提高了农民收入。

　　贾拴成以带领群众脱贫致富为己任，积极引

导广大群众种植红薯。在他的引领下，河北省的红薯种植面积不断扩大，规模较大的种植户达五千多个。

在前进的道路上，贾拴成获得了诸多荣誉：2013年被评为"河北省农村青年拔尖人才"；2015年被授予"全国劳动模范"称号；2016年被评为"河北省优秀共产党员"，当选为中国共产党河北省第九次代表大会代表；2019年被授予"河北好人""中国好人"称号；2020年被评为"河北省返乡入乡创业典型"；2021年当选为中国共产党河北省第十次代表大会代表；2022年被评为河北省"岗位学雷锋标兵"。

如今，这位事业有成的"红薯大王"并没有停止奋斗的脚步，其干劲、闯劲、钻劲更大了。贾拴成说："党和政府给了我这么多荣誉，我更应该积极进取、奋力向前，以更好的成绩让广大红薯种植户受益。"

目　录

第一章　放弃上学，在逆境中勇挑重担

优良的家风

1976年5月，贾拴成出生在一个名为"东名"的村子里，那是河北省新乐县（今新乐市）的一个紧邻县城和神道滩的普通村子。关于那个神道滩，一直流传着这样一个传说：在一年的蟠桃盛会即将召开之时，身处天宫的王母娘娘给地上的神仙们撒下一把黄沙，以便给他们引路，而这把沙子就变成了神道滩，上面稀稀疏疏地分布着一些杂草，农作物在那里根本无法生长。

传说固然是传说，但紧邻神道滩的东名村自然环境恶劣，确实也是实情。在东名村，不仅土壤贫瘠，而且水源紧张——附近两条河的水流都不大，这对农作物的种植非常不利。正因为如此，在过去很长时间里，地里粮食歉收，村民们也常常食不果腹。

那些不幸贾拴成并不曾目睹，更不曾经历，但是，对于他来说，村里低矮的土坯房、村头时不时枯竭的小溪以及并不清冽甘甜的井水都让他无法忘记。

他也知道，即使村里的土地变得更加贫瘠，父辈们也不会放弃耕种，而会在无数个日日夜夜里守候那星光般的希望。这令贾拴成动容，同时他也向往着美好的未来。

贾拴成家世代务农，祖祖辈辈面朝黄土背朝天，生活一直非常艰辛。虽然如此，在东名村，贾家却是以无私助人而闻名的。

村子里至今还流传着关于贾拴成爷爷的故事。爷爷在世时吃不饱、穿不暖，生活十分艰苦。不过，爷爷还是十分愿意对人倾囊相助，因为他认为总还有比他们家更困难的家庭，而那些家庭更需要帮助。

在家里，爷爷一方面教育子女多帮助别人，不要怕吃亏，要多让着别人，勇于承担责任；另一方面总是将最好的东西留给孩子们。20世纪60年代，爷爷把家里仅有的粮食尽可能多地分给别人，自己则忍饥挨饿，艰难地度过了那段困难时期。

随着爷爷的离世，家中的日子更加艰难。当时，作为家中的长子，贾拴成的父亲只有十二岁。村里人常常在背后这样议论："看看这一家，家里的大人都走了，只留下这三间土房，这三个小孩儿以后怎么过呢？"

这样的议论让父亲的心里很不是滋味。当时，父亲下面还有两个弟弟。父亲算是一家之主，为了让两个弟弟能够和同龄人一样上学，他毅然决然放弃上学，挑起家里的重担，加入村里的生产队，靠挣工分来勉强养活家人。

在生产队里，父亲虽然年龄最小，做事却十分勤恳，做人也特别老实。他虽然面对各种各样的困难，但从未失去战胜困难的勇气，一个劲地往前冲。一方面，父亲传承了乐于助人、勇担责任的家风；另一方面，他努力干活，多挣工分，为家里增加收入。凭着这股拼劲、韧劲，没过几年，父亲就当上了生产队的干部。

但是，这个干部并不好当，因为当时父亲所在的生产队是全乡出了名的困难队，尤其是队里还有很多三四十岁的大老爷们儿都没有娶妻，因此这个生产队被其他生产队的人戏称为"光棍队"。

作为干部，父亲看在眼里、急在心上，急切地想帮助全队摘掉这顶落后的帽子，改变全体队员的生活状况。为此，父亲开始奔走在石家庄各地，一边寻找生产物资，一边为生产队粉刷房屋。

正是因为父亲兢兢业业的工作态度，他所在的生产队变得越来越好，他也如愿加入了中国共产党。

在家里，父亲也承担起爷爷的责任，悉心照顾贾拴成的两个叔叔。叔叔们也没有辜负贾拴成父亲的期望，一个考上了大学，另一个在部队里当兵，还学会了汽车驾驶技术。

在那个年代，尤其在农村，无论考上大学还是当上兵，都是非常不容易且值得自豪的事情，所以叔叔们成了贾拴成父亲的骄傲。同时，不管在什么时候，叔叔们都很尊重、感激父亲。他们总是说，如果没有父亲的照顾，他们不会有现在的生活，叔叔们的这种尊重也让父亲打心底觉得自己当初的付出是值得的。

随着时间的推移，叔叔们到了该结婚的年纪。为了让叔叔们结婚后能过上像样的生活，父亲忙前忙后，不是装修房子，就是置办家具。

当时贾拴成的家里还是低矮的土坯房，父亲决定把其中一部分翻修一番，给贾拴成的两个叔叔当婚房，而自己则带着妻儿住在没有翻修过的房子里。这在当时多少引起了贾拴成母亲的不快，母亲甚至为此和父亲赌过气、吵过架。父亲总是安慰母亲说："我们比他们大，应该多帮助他们，都是一家人嘛。"

最终，母亲还是拗不过父亲，不得不在破旧的房子继续生活。不过，时间久了，母亲慢慢理解了父亲，也不再跟父亲计较这些小事。就这样，父亲、母亲带着贾拴成兄弟三人在土坯房里住了很久。

父亲负责任、有担当的为人和无私奉献的精神被村领导和乡亲们看在眼里，他们认可父亲的为人，也欣赏父亲处理各种问题的能力。正因为如此，父亲被选举为党代表，到县里参加党代会。

对于一名普通农民来说，这是对父亲多年如一日的付出的肯定，是极大的荣誉，更是沉甸甸的责任。但是，父亲并没有因此而自傲，而是更加努力地工作。

⊙ 贾拴成（前排右一）年少时的全家福

　　与此同时，父亲也希望自己的孩子们不但将贾家的家风传承下去，而且能够始终感党恩、听党话。在贾拴成很小的时候，父亲就常常跟他们兄弟三人讲述关于中国共产党的故事，还告诉他们，作为一名党员，他感到无比光荣。父亲教育他们要有感恩的心。

　　在贾拴成的印象中，父亲最常说的一句话就是："没有中国共产党的领导，就没有如今平静的生活，也不会有我们今天的幸福家庭，所以你们一定要知党恩、报党恩！"此外，父亲还不断教育贾拴成兄弟三人要有担当，懂得无私奉献，严格要求自己。

　　父亲的这些话在贾拴成成长的过程中起到了重要作用。在遇到困难时，贾拴成时常回味父亲的这些话。

　　贾拴成心里明白，祖祖辈辈的优良家风应该继续传承下去，融入贾家人的血脉——不断流淌。

父亲的影响

　　父亲对贾拴成的影响不仅在于"言传"，更在于"身教"。

　　1978年，以党的十一届三中全会为标志，中国开启了改革开放和社会主义现代化建设的新时期。国家在农村实施的一系列改革举措，有力地激发了广大农民的劳动热情。

这种热情也席卷了整个东名村，许多人想乘着这股东风过上梦寐以求的富裕生活，贾拴成的父亲就是其中的一位。几经商量后，父亲和两个同伴一起承包了村西的一百多亩沙荒地。

承包那片沙荒地，并不是一个能够轻易做出的决定。在此之前，就有人在那片地上种过庄稼，但收成都不尽如人意，连年种下去的农作物长势都不大好。特别是父亲承包那片地之前，因为少有农民在那片土地上耕作，日复一日，那片地便逐渐沙化了，变得荒芜。

虽然父亲对那片地的情况一清二楚，但是他相信，凭借自己多年的耕作经验，只要因地制宜，那里就能重新变成一块不错的耕地。父亲和两个同伴经过一番认真的观察和思索，决定在那片地上栽种果树与花生。

也正是从那时候开始，他们不分昼夜地忙碌起来，父亲更是事必躬亲。为了节省从家到地里那二十分钟的时间，他在地势较高的土坡上搭了一个简易的棚子，备好干粮和大水壶，一待就是好几个星期。

母亲心疼父亲，怕他身体吃不消，便经常做上一顿丰盛的晚餐，趁着天色还没黑的时候，赶忙给父亲送去。

一直到夜幕降临，母亲才带着空空的饭盒回到家。那时候，母亲总说："你们的父亲和爷爷一样操劳了一辈子，舍不得撂下自己肩膀上的重担，真怕他哪一天累倒在那片黄沙滩上，望见的还是那片果树林。"

后来，当贾拴成继承父亲的衣钵时，他才知道母亲话里的含意，那是母亲对父亲的牵挂和担忧。但是，父亲生性坚强，他和两个同伴经常顶着骄阳，迎着风雨，奔走在耕地上，观察每棵果树的生长情况。

村里的老人都说，父亲真是一个有胆量、有担当的顶梁柱。有时，父亲好不容易回一趟家，却是在挑着夜灯和同伴研究如何才能让果树和花生更好地生长，他们如何做才能有更好的收成。

终于，功夫不负有心人，他们的努力得到了回报。没过几年，在棚子外高低不平的田地上，成片的花生等着人去收，果树上结满了果子，风中夹杂的阵阵果香在父亲报喜的那条小道的上空悠悠地飘着。

"丰收啦！今年花生的产量和果树的收成都不错，花生和水果一定能卖个好价钱。"听到父亲这么说，母亲也露出了欣慰的笑容……那晚，父亲和他的两个同伴坐在小院里的椅子上，母亲炒上几个家常菜，他们一起高兴地饮起酒来。

父亲感慨道："好久没喝酒啦，今儿个高兴！多亏有你们啊，才有今天这样的收成。"说着，父亲不禁掩面哭泣起来。

"贾大哥，这是好事啊，以后每年这时候我们都能有今年这么好的收成。"

　　说着，父亲他们又规划起了后续的事情。

　　那晚，家里热闹极了，母亲忙里忙外的身影也少了往日的疲惫，步伐都变得轻快起来了。

　　那一年，在父亲和两个同伴把水果和花生以不错的价格卖掉后，贾拴成家的经济状况也跟着好了起来，生活变得有滋有味。相较于其他村民家拮据的生活，贾拴成家不仅不愁吃喝，而且还有了积蓄。

　　村民都对父亲投去了赞许的目光，对贾拴成家也格外羡慕。那一段时间，母亲的脸上总是洋溢着笑容，父亲也有时间在饭桌前陪贾拴成吃饭了。不过，碰巧村里在规划宅基地，父亲又开始忙碌起来了。

　　村干部将村东的一块地批给了贾拴成家，父亲又开始马不停蹄地规划起宅基地来，这样一来，家里的钱又快花光了。贾拴成知道后，不禁问道："爸爸，你好不容易挣来的辛苦钱所剩无几了，你心疼吗？"父亲说："这有啥？钱是挣不完的，钱花光了，我们可以再接着挣……"

　　听着父亲的一席话，贾拴成越发觉得父亲像是一个擎天的巨人，为母亲和他们兄弟三人的生活撑起了一片天。

　　父亲挑起了生活中所有的重担。在贾拴成的记忆里，父亲不善表达，是个感情质朴的人。虽然经常面对磨难，但他始终笑对生活。

　　虽然贾拴成一直不懂父亲内心的这份坚强源于何处，但是坚强、豁达的父亲却一直激励、鼓舞着他，使他成为日后的"红薯大王"。

艰难的抉择

就在父亲辛勤地耕作于田间地头的时候，贾拴成正在全身心地学习。父亲看到后非常高兴，他对贾拴成说："别的钱可以省，但学习的钱不可以省。以后只要有学习方面的需要，你就尽管和我说。"

父亲对贾拴成学习的重视与支持，一方面自然是出于对儿子成长的关心，另一方面更有自己年轻时坎坷经历的影响。

父亲年轻的时候，就是因为家里的经济条件不好，作为长子的他只能挑起家庭的重担，放弃继续上学的机会。这段经历对于父亲来说是刻骨铭心的痛，更是无法弥补的遗憾。

父亲希望给贾拴成兄弟三人提供最好的学习环境与条件，希望他们通过自己的努力，凭借所学的知识改变贾家世世代代靠天收、祖祖辈辈一身土的命运。

也正是在父亲的熏陶下，贾拴成自小就明白学习的重要性。他更知道，没有知识的农民生活得太苦了，起早贪黑地耕耘，不分昼夜地劳作，却只能换来微薄的收入。在有的家庭中，人口多，但他们只能依靠一个劳动力过活，常常因为收入来源不稳定而忍饥挨饿，让半大的孩子早早退学回家帮助家里劳动就成了他们无奈的选择。

贾拴成深知自己的学习机会是来之不易的，自己是极其幸福的。所以，他从小就懂得学习的重要性，也总是将自己的全部精力投入学习。

在学校里，他经常利用课余的时间看书写诗，梦想着有一天可以成为一个大作家。少年时期的贾拴成积极向上、乐观开朗，上进心十足，成绩始终在班级里名列前茅，他在多次考试中拿到全优的成绩。

每次家长会，父亲无论多忙都会前去参加，然后总是能够喜笑颜开地回到家。父亲对母亲说："拴成可真有出息，每次班主任都对我说，拴成如果持续努力，一定能考上好大学。"

母亲每每听到父亲这么说，也会无比开心地说："我对拴成最大的希望就是他能够顺顺利利地读书，毕业后找个稳定的工作。以后，我们老了，走不动了，看着拴成能过上安安稳稳的日子，也就心满意足了。"

但是，常言道：天有不测风云，人有旦夕祸福。贾拴成读高中时的一天，和往常一样，他从学校回到家里，放下背上的书包，向里屋走去。经过父母的房间时，他无意间发现父亲目光呆滞地坐在躺椅上，不停地吸烟，弄得满屋子都弥漫着烟气。父亲还不时发出阵阵叹息声。

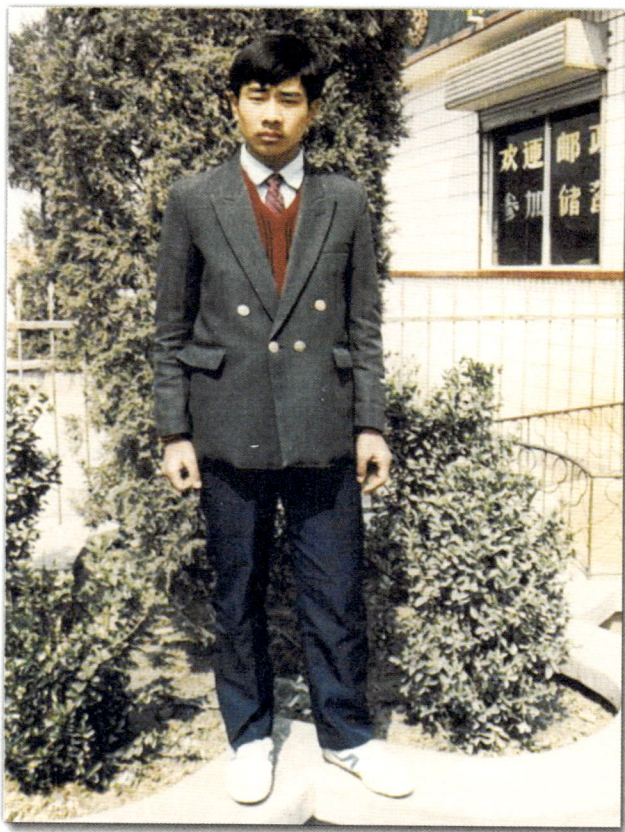

⊙ 少年时期的贾拴成

在贾拴成的记忆里，父亲这样颓废的模样是他从来不曾看到过的。母亲也与平常不一样。平时，她总是早早地在屋外等着他，看着他安全地回来，才放心地回到房间睡觉。当天，贾拴成放学回来时却没看见母亲站在屋外的身影。

霎时间，贾拴成有了一种不祥的预感。他怀着忐忑的心情走到父亲的旁边，轻声地问道："爸，你平日里不是不抽烟吗？今天怎么抽烟了？"

父亲听到贾拴成的声音，才缓慢地起身说道："你回来啦，那快吃点儿东西，早些洗洗睡吧，明天一早还要上学呢。你现在学习任务重，不能熬坏了身体。"说着，父亲走到厨房里给贾拴成拿出锅里面的一根热玉米，递给他，问道："这么晚回来，饿了吧？"

贾拴成知道这是母亲给他留的。平日里，他放学回到家，母亲总是怕他肚子饿，所以每次都会在锅里热着饭菜——有时候是一个馒头，有时候是一个大饼子，有时候是一碗玉米糊……贾拴成接过父亲手中的玉米，不解地问道："妈呢？今天怎么没有看见她？"

父亲望着窗外被夜色浸染的小院，低声回答："她去你姥姥家了，明天一早回来。"

看着父亲满脸愁云的样子，贾拴成第一次发现父亲老多了，也瘦多了，两鬓已经有了白发，深深的皱纹不知道从什么时候起布满了眼角。父亲往日里炯炯有神的眼睛，那天看起来也暗淡了许多。

"爸，你对我说实话。咱们家是不是出了什么事情？"贾拴成着急地问道。

贾拴成的再三追问，让父亲的嘴唇微微地有些颤抖，父亲慢慢地道出了前些天遭遇的事情。

原来，父亲看村西那片沙荒地上的农作物在他和合伙人的精心照料下，收益相当不错，于是他们再合伙一起承包了邻村的一处果园，准备大干一场。但是，天公不作美，因为地里大面积闹虫灾，虽然他们已经及时地进行了扑杀，但是依然抵挡不住大批大批的害虫侵入果园。

那些虫子把果园的水果啃食得残缺不全，虽然部分水果侥幸逃过一劫，但因为品相不好，也很难卖出去。于是，他们只能选择以一个极低的价格处理水果。

这样一来，那片果园不但没有让父亲他们挣到钱，反而让他们赔了四五万元，其中还包括三万元的银行贷款。

听到父亲这么说，贾拴成感觉犹如晴天霹雳，一时不知道该向父亲说些什么。要知道，在那个年代，对于多数家庭来说，四五万元可不是一个小数目。当时，人们用这笔钱足以在一个经济发展不错的城市买一套房。父亲说完，陷入了沉默，接着又拿出一根烟，一口接一口地抽着。

是啊，父亲怎能不发愁呢？以前贾拴成家在村里是乡亲们交口称赞的万元户，然而现在他们却背上了巨额债务。

贾拴成家的日常生活变得窘迫起来，父亲失去了往日气定神闲的样子，被债务压得喘不过气来。他整日不停歇地去厂里做零工，在工闲的时间里也去找一些收入较高的苦力活来做。这些劳作对于身体本就并不太好的父亲来说，无疑是过于繁重的。

结果，高强度的工作使父亲的身体状况越来越坏，加上前些年因为种植果树时过度劳累造成的脊柱侧弯，他一下子病倒了，甚至在很长一段时间里，下地行走对于他来说都变得特别困难。

父亲日渐消瘦，母亲、哥哥和贾拴成看在眼里，急在心里。在那段艰难的时间里，家里所有的重担都压在了母亲瘦小的肩膀上，哥哥为了缓解家里的经济状况，也不断地去找那些又苦又累又脏但报酬比较高的活来做。

贾拴成看着母亲和哥哥都在为这个家辛勤操劳，再加上他放学回家时总是看见母亲坐在父亲床边轻声掩面哭泣，他的心里也不是滋味。

母亲和哥哥每次都故作坚强地跟他说："没事的，家里的事情不用你操心，你安心上学就好。"但是，父亲疲惫、忧愁的面容，母亲佝偻的身体，哥哥粗糙、布满伤痕的双手，都说明了家里的情况并不乐观。

贾拴成想，自己十八岁了，已经是成年人了，而父亲十二岁时就放弃上学，并担负起了养家的责任。

贾拴成又想，如果自己再继续读书，将来上大学，家里就要面对更困难的经济情况。现在家里还有没还完的上万元的债，父亲治病也同样需要一大笔费用，他不应该这么"自私"，应该在这时候为这个家贡献自己的力量了！

这种想法在贾拴成的心里日益强烈起来。

经过深思熟虑后，贾拴成最后决定不再给家里增添负担，他没有同任何人商量，毅然决然地去学校退了学。

那天，他同昔日朝夕相处的老师和同学进行了简短的告别，收拾了自己所有的书本，恋恋不舍地离开了学校。

贾拴成心里知道离开学校意味着自己最初的那个梦想就要永远地埋藏在心底，那是一个只有自己知道的秘密。他在心里暗暗地下定决心，要像父亲年轻时一样积极地面对人生，毫不畏惧地面对困难。对于曾经的他而言，梦想是一朵美丽、常开不败的花。

那一晚，贾拴成心情沉重地走进家门，却故作轻松地像往常一样对母亲说道："我回来了。"

母亲一脸诧异地望着贾拴成，问道："今天的作业很多吗？你怎么拿回来这么多书？"

"作业不多，这些书我以后都没有机会再用到了。"贾拴成还是故作轻松地说。

听到贾拴成这么说，母亲好像是听懂了他话中的含意，担心地问道："拴成，你是不是退学了？快告诉妈实话。"

"妈，我想创业，就像爸爸那样。我想减轻家里的负担。"

"儿啊，家里的事情不用你操心，你就安心地上学，一定不要因为自己的一时冲动耽误了大好前程啊。妈知道你优秀，你爸每次开完家长会，从学校回来，都说老师夸你以后一定会有大出息。"母亲焦急地说道，不过这并没有动摇贾拴成的决心。

那几日，父亲和哥哥轮番给贾拴成做思想工作，都让他慎重对待自己所做的决定。后来，学校里的一些老师也来到家里劝说贾拴成复学。

一位老师对贾拴成的父母说："拴成这孩子在学校里一直是同学们学习的榜样，老师们特别喜欢他，都认为他要是这么一直刻苦努力地学习下去，将来一定差不了。那天，我们突然听说这孩子办理了退学，都被吓了一跳，这实在是太让人感到意外了。"

接着，另一位老师说道："拴成妈妈，如果您家有什么经济上的困难，我们会向校长反映情况的，拴成这孩子平日里刻苦学习的样子老师们都看在眼里。我们真的非常希望他可以回学校完成学业。"

那一晚，父亲把贾拴成叫到床边，语重心长地对他说道："儿啊，如果你真的已经想清楚了，我会支持你做的决定——只要是你想做的事情，我都会支持。但是，我不希望你是因为家里出事了才不去读书的。当初，我因为家里经济困难没有继续上学，那是我人生中最大的遗憾，但是我不后悔当初那么做，因为我不想让你的两个叔叔没学上。但是现在，我和你妈就算是砸锅卖铁，也要供你上学。我们都希望你以后可以靠知识改变自己的命运。爸爸当了一辈子农民，苦了你妈妈，她跟在我身边，平日里那么累，还要照顾我。爸爸对不起你妈妈，也对不起你，如果不是因为我让咱们家背上债，你妈妈和你哥哥就不会这么累，你也不会走上这条路。"

说着，父亲仿佛一下子就变得憔悴了，流下了热泪。这是贾拴成第二次看见父亲的泪水，父亲眼中的无奈和忧伤深深地刺痛了他的心，他不知道如何才能让父亲不再难过。

看见父亲的样子，十八岁的贾拴成感觉自己仿佛一下子就长大了。记忆中，当他第一次看见父亲流泪时，那是父亲因为果园丰收而落下的幸福之泪。父亲这次流泪，让贾拴成深深地懂得父亲的内心再坚强，也有脆弱的一面。

贾拴成鼻子一酸，泪水夺眶而出。看到父亲那双因为彻夜失眠而布满血丝的眼睛，他终于忍不住了，抱着父亲轻声地抽泣着，泪水浸湿了父亲的衣服，也刺痛了父亲的心。

父亲用那双因常年劳作而早已变得粗糙不堪的双手轻轻抹去贾拴成眼角的泪水，摸着他的头，说道："孩子，你之前跟我说要经商。不过，你真的想好了吗？经商是一件很难的事情，不是你想的一买一卖就能从中间取得利润的事。我知道只要你有想干的事情或已经认定的事情，别人就很难改变你。从小到大，你都是这个样子。我了解你，但是怕你吃亏、受到伤害。"

"爸，您不用担心我。您了解我的性格。就算失败了，我也不会轻言放弃。"说完，贾拴成紧紧握住了父亲那双支撑他们这个家的大手。

过了一会儿，贾拴成又满眼心疼地说道："爸，我一定可以帮咱们家还清债务，早一点儿让您和妈妈享上清福。现在您儿子的梦想就是用自己的双手发家致富。"

那一晚，是贾拴成一辈子也不会忘记的一晚。他在记事本上写下了这样一句话："梦想，是一种对未来的期望，是一种让你感到坚持就是幸福的东西，甚至可以被视为一种信仰。"

第二章　出师不利，
在失败中勇毅前行

走向社会

每个人都渴望过上幸福的生活，然而生活并不总是让人感到满意，我们总会遇到各种各样的困难和问题，总会有各种各样的不如意。那些出人意料的事情或许会在某个时刻突然发生，让人猝不及防，这时候有些人会歇斯底里地抱怨，但是有些人会依然坚强地前行。

贾拴成在创业初期时常碰到各种困难，可以说他的创业之路是非常坎坷的，但是他始终没有放弃，而是选择了坚持到底。

1995年，贾拴成迈出了走向社会的第一步。一开始，为了尽快还清家里的债务、减轻父母的压力，也为了向大家证明自己是有能力的，贾拴成只想着赚钱。

刚进入社会的贾拴成几乎一无所知，没有社会关系，也没有找到赚钱的好方法，更没有足够的创业资金，但这些丝毫不影响他的"雄心壮志"。他似乎已经忘了自己还是一个只有十九岁、没有任何社会经验的孩子。

说来也巧，贾拴成放弃上学不久，村子里兴起了一股栽种柿子树的热潮。那段时间，每逢集市，贾拴成总会看到村里的人买

⊙ 年轻时的贾拴成

很多柿子树苗回来，村民们把它们栽种在自家院子里，等着将来的丰收。贾拴成觉得这是一次机会。他挨家挨户地拜访，听听大家对种植柿子树的看法。

有的村民跟他说："这柿子树容易种植，我们种植之后就不用管它了。"还有的村民说："我种这东西就是图个吉利，'柿柿'如意嘛！"

贾拴成一听，心里的想法渐渐开始发芽："要是我买了柿子树苗拿去卖的话，大家都会买吧。"于是，贾拴成开始行动起来。

贾拴成首先去叔叔家借了一些钱，又带着这些钱去了唐县，从唐县拉回来了一大袋柿子树苗。叔叔们知道后纷纷来到贾拴成家里问他准备干啥。

贾拴成信心十足地说："我看大家都喜欢种柿子树，我就想买些树苗拉到街上去卖，肯定能赚好多钱！"叔叔们看他兴致勃勃的样子，也不好说泄气的话，叮嘱他几句就回去了。

第二天，贾拴成就开始在街上卖起树苗来。

前几天，生意还不错，来买树苗的人不少。但是没过几天，情况就糟糕起来，买树苗的人越来越少，甚至在很长时间里连过来看一看的人都没有。

贾拴成不理解这是为什么。他还像往常一样赶集推销，拿着喇叭大喊："大家快来看一看，上好的柿子树苗……"听到他的叫喊声，零星的路人也会走过来问一些无关紧要的问题，最后还是没有人买树苗。这样的情况持续了几天后，贾拴成心里开始琢磨这究竟是怎么回事。

经过一番思考，他觉得自己不应该守在一个地方，而是应该多去几个集市。就这样，他又带着柿子树苗转了很多县城的集市，但还是几乎没有人愿意买。不但如此，由于路途颠簸，很多树苗要么伤了皮或根，要么变得干枯，无法售出。贾拴成很失望，拖着树苗回到了家里。

父亲见他垂头丧气的样子，上前问道："是不是没有人买啊？"

他回答说："周围的集市已经让我走遍了，这些树苗还是卖不出去。"

父亲跟他说："大家买柿子树苗可能也只是一时的兴头，毕竟人不能把柿子当饭吃，在这个时节，大家不可能不种庄稼都去种柿子树吧。"

听到父亲的话，贾拴成似乎突然明白了什么，很懊悔地说道："都怪我，没看准时机，就匆匆忙忙地买了这么多树苗。"

父亲安慰他说："谁还没有个第一次？没关系，明天接着试试，幸好种柿子树的季节还没有过。"

在父亲的鼓励下，贾拴成带着柿子树苗再一次来到了集市。这次，他有了新办法：在摊位前挂上一个写有"'柿柿'如意"字样的牌子。人们看到牌子后纷纷围了上来。为了图个好彩头，有些人打算掏腰包买些树苗。这时，人群中有个声音突然响起：

"这树苗的根怎么这么干瘪呀？这树苗能种活吗？"

"这树苗有点儿枯了。""这能活吗？"又有两个人附和道。

于是，很多人开始犹豫起来，质疑声也此起彼伏。

贾拴成有些着急了，急忙跟大家说道："大家放心买，这些树苗肯定能活，如果它们不活，你们来找我。"

谁知，贾拴成的话反倒起到了坏效果，很多人已经走开了。这时，又有一个人说了一句话："我们买了种不活上哪儿找你呀？"

大家都觉得这个人的话有道理，纷纷附和，最后一哄而散。

人都走净了，贾拴成心里发慌了。他呆坐了很长时间，继而又拿起树苗端详了一番。确实，这些树苗的根部已经没有了水分。树苗不新鲜了，有慢慢枯萎的趋势。贾拴成无奈地叹了口气，小心翼翼地将它们装在袋子里，背着它们向家里走去。

走在路上的贾拴成想："一晃就是一个多月，还有这么多树苗。本来计划卖完就可以大赚一笔，我该怎么办？唉！"他越想越难过，头也越来越低，心情也越来越沮丧。

贾拴成回到家中，父亲看到他失落的样子，不用问就知道是什么情况。父亲并没有说什么，只是过来说道："回来啦！"

贾拴成心不在焉地回应道："回来了。"

父亲看了看他，没有再说什么。

在后来的时间里，贾拴成没有再去卖柿子树苗。那批树苗就堆在角落里，被所有人遗忘，无人过问。

就这样，贾拴成的第一次创业以失败告终，他没有得到想象中的很多钱，也没有多余的钱还给叔叔，这让他心中产生了强烈的挫败感。他体会到了生活的不易。

在那些日子里，贾拴成经常能听到村里的人在背后议论："一个孩子，不好好读书，偏要去做生意，做生意哪会那么容易成功？要是钱来得那么容易，大家早就都去卖东西了，谁还在家里种地？"听到这些话，贾拴成心里就更加难过了。他不断地责怪自己，也不敢出门见朋友，整天待在家里，吃不好，睡不着。

母亲看他一直这样，很是心疼。母亲对父亲说："你看看这孩子，都几天没好好吃饭了，这样下去不行啊。"

父亲看着贾拴成，安慰母亲说："没事的，等他自己想通了就好了。"

母亲又说："实在不行，你去劝劝他吧，这做不成一次没有什么关系。"

于是，父亲答应母亲晚上吃完饭后去劝一劝贾拴成。

晚饭后，贾拴成像以往一样回到自己的屋子里。父亲待他进屋后，敲了敲他的门，问："我能进去吗？"

贾拴成打开门，父亲进屋后坐在床边，心疼地看着他，跟他说："还在寻思那件事呀？"

贾拴成回答："我感觉所有人都觉得我不行，我也觉得自己没有能力。"

父亲吸了一口烟，不紧不慢地说道："孩子，你怎么能这样说自己呢？失败一次没有什么影响，谁能一次就成功呢？失败了，咱就吸取教训，继续往前走，没有什么大不了的，还有我们陪着你呢！"

贾拴成望着父亲的脸庞，坚定地点了点头。那天晚上，贾拴成想明白了很多，觉得自己不能再这样颓废下去。他要从头再来，证明自己是可以的！

功败垂成

贾拴成第一次创业失败的这一年，秋天来得比以往早一些。

这天，贾拴成和往常一样坐在院子里思考着自己以后的出路。这时，他突然接到了一个朋友的电话。这个朋友当时正在山西，他告诉贾拴成，山西的大枣又红又甜，当时正是丰收的季节，他让贾拴成考虑收购一批回去卖。

贾拴成觉得这是一个机会，立即来了精神。他在电话里一口答应了朋友，第二天就马不停蹄地赶赴山西去收购大枣。

到了山西以后，贾拴成觉得没有来错，这里的大枣品质非常好。在朋友的介绍下，他以低廉的价格收购了一车新鲜的大枣。收购结束后，他顾不得休息，连夜将大枣运了回去。到家的时候，已经凌晨五点了，贾拴成把一大半的大枣卸下车，堆在一个小房间里。他打算等天亮时就去卖剩下的大枣。

天微微亮时，母亲起来了，看到贾拴成回来一直没进屋，便上前问他："你回来了怎么不进去休息休息？这样干，你是吃不消的。"

贾拴成欣喜地望向母亲，对她说："我等会儿就去卖枣了，回来再休息。"

母亲知道他已经有了自己的打算，便不再劝他。

来到集市，贾拴成把秤摆好，把大枣从麻袋里倒出来，等着人们来挑选。没过多久，街上的人渐渐多了起来，很多人都被贾拴成车上的大枣吸引了过来。得知价格很便宜后，他们便抢着购买。

贾拴成看着慢慢鼓起来的钱包，有着说不出的激动。他觉得自己马上就要成功了。傍晚，大枣兜售一空后，贾拴成就回家了。他想第一时间把这个好消息分享给家人。

回到家后，他顾不得观察父母都在做什么，就直接举着钱包大喊："妈，爸，你们看，今天我把大枣拉到集市上卖完了！"

母亲着实被贾拴成响亮的声音吓了一跳，但她马上就反应过来，高兴地说："真是太好了！我就说你是可以的，快去准备一下吃饭。"

此刻，贾拴成觉得世界上没有人比他更幸福了，便迈着轻盈的步伐进了屋。

此后，贾拴成都像往常一样去集市卖大枣，每次都是收获颇丰。他高兴得不得了。但是，与此同时，他没有注意到，事情正在朝着相反的方向慢慢地变化。

问题是在一天清晨暴露出来的。这天，贾拴成像往常一样，正准备把大枣一袋一袋地装上车。这时，他突然发现其中一袋大枣的颜色变暗了。他有些发慌，赶快翻了翻其他袋子里的大枣，糟糕的情况让他心里一沉——其他袋子里的大枣也一样出了问题。他赶紧拿起几颗尝了尝，还没咽下去，就不想再吃了——大枣的味道也变了。

贾拴成急得额头直冒汗，他强迫自己镇定下来，思考问题出现的原因。

看着屋内堆的一袋袋大枣，他似乎明白了什么。在存放大枣的时候，他并没有在意储存方法，只是把大枣堆在一起，而这间屋子里潮湿阴暗，垛与垛之间也没有空隙，这些因素导致大枣变质，其中一些比较严重的已经出现了霉斑。

他顾不上再看一看，就连忙把所有的大枣都挪到了院子里，一袋一袋地晾晒。接着，他又仔细挑选出实在不能拿出去卖的大枣。大枣晾晒一天后，贾拴成又把分拣好的大枣小心地装起来。

做完这一切时，贾拴成沮丧地发现，其中不能要的大枣起码有一小半。他长长地叹了口气，不知道这次事件之后还有什么意外在等着他。

第二天，贾拴成又把成色尚好的大枣拉到集市上去卖。虽然还有很多人愿意买，但是价格被压得很低，他几乎赚不到钱。就这样，几天后，贾拴成算是把剩下的大枣都卖了出去。他并没有很快地回家，而是坐在车里，默默地计算着——这次他一分钱也没有赚到，但是比上次好的是没有亏本。在他看来，这也算失败。

他没有想象中的那么难过，但是总有些说不出的不甘心。他带着沉重的心情回到了家，家里依然有热腾腾的饭菜等着他。他跟父母讲了这些天的遭遇，虽然他卖大枣的经过父母都看在眼里，但是当贾拴成这么平静地说出来时，父母的眼里还是满满的心疼，母亲安慰他说："没事，咱先吃饭。"

那天晚上，贾拴成一夜没睡，一直在床上翻来覆去。天蒙蒙亮时，他披了件外套走了出去，从家里走到村头，从村头走到村尾，再从村尾走到村头……他望着这片孕育他和乡亲们的土地，望着他从儿时起就天天看到的低矮土坯房和村头经常干涸的小溪。这一切对他来说是多么熟悉、亲切。

后来，他伫立在村头，不时看看天，又看看地，不时吹来的冷风让他不禁打战。他揉了揉一夜没有合上的双眼，准备坐一会儿。他看着远方的太阳缓缓升起，一缕缕金光照耀在土地上和他的身上，他竟有些说不出的难受，因为不甘、委屈。他望着远方出了神，不知道未来自己该怎样走下去……

贾拴成站了起来，准备回家。可想到回家时要经过村里的很多人家时，他又有些害怕。这次失败，很可能让他再一次成为村民们茶余饭后的谈资。这并不是他自己臆想出来的。就在头天晚上，以前的好友听说了消息，找上门来，劝告他不要再做生意了，说："再这样折腾下去，你可就什么都没有了。"

当时，贾拴成很想跟他解释解释，但是话到嘴边，他又咽了下去。他忽然觉得辩驳是苍白无力的，是没有人愿意相信的。想到这里，他裹紧衣服，顶着冷风飞快地跑回了家。

家里依旧有香喷喷的饭菜，父亲见贾拴成回来了，跟他说："快来吃饭。"

贾拴成坐下来，精神有些恍惚，脑子里还在想着村头的一景一物，直到父亲的声音在他耳边响起，他才回过神来。父亲语重心长地说："你试了两次，要是累的话，就暂停做生意，帮帮家里吧，地里还有很多活……"

贾拴成听到这些，心里本是不愿意的，可又想："我尝试两次做生意，都没成功，或许我并不是经商的苗子，先在家里干一阵农活吧。"

就这样，贾拴成听从父亲的话，在家里待了一年的时间。这一年，他帮家里干活的同时也在等待着"翻盘"的机会。他总觉得自己的故事不该就这样草草结束，他的致富梦想还没有实现。他觉得自己应该继续走下去，不管前方会发生什么。

回归土地

在经历了两次挫折后，贾拴成意识到创业并不是一件容易的事。在这条道路上奔跑、追逐的人有很多，但是最后成功的人少之又少。而其中一个重要的原因是，这是一场不仅需要努力更需要机遇和天赋的角逐。此外，人只有在适合自己的领域内坚持奋斗，在机会来临时抓住它，才会有成功的可能。

这些道理虽然贾拴成已经想通了，可他偶尔还会怀疑自己不是经商的料。他知道，如果自己坚持走下去的话，或许还是一无所获。在彷徨的一年里，家人一直默默地鼓励、支持他。

在这一年中，贾拴成同家人一起在二十几亩地上辛勤地耕作。

起初，他的任务就是观察地里的庄稼长势是否良好。进入夏天以后，他开始忙于给农作物除草。这是一种真正的技术活。喷洒除草剂时，他不仅要考虑除草剂的用量，选择适当的天气，还要注意喷洒药液的均匀程度。喷洒药液后，他还要观察除草剂是否有效果，药效不好时需要继续喷洒，如此反复。

夏忙过后便是秋收，这时的工作同样非常繁重，需要大家齐心协力才能完成。在这个过程中，贾拴成和家人完全依靠手工收割庄稼，这种方式对体能的要求非常高。

秋收结束后，全家人把所有庄稼都收回家，这一年田地里的工作才算基本结束。后面要做的就是将粮食晾晒好，并拉到城里卖掉。

这一年，贾拴成家的收成是非常不错的，全家人花了整整一个星期的时间才把地里所有的庄稼收割完。看着这些劳动成果，贾拴成心里充满了喜悦，对于农民来说，一年到头等待的就是丰收的这一天。

然而，令贾拴成万万没有想到的是，虽然粮食丰收了，但市场上的收购价格并不理想，去掉这一年的成本，二十几亩地上的庄稼还没有赚到一万元钱！这对于贾拴成来说又是一次打击。他知道，如果继续这样下去，家里的经济条件就始终改善不了，欠的账也无法偿还，那他的坚持也毫无意义，他陷入了新的烦恼之中。

但是，当时的他并不知道，一个将要改变他命运的机遇正在悄然而至……

⊙ 贾拴成利用现代化农业机械种庄稼

第三章 迎难而上，成为"红薯大王"

结缘红薯

1996年秋收过后，地里的活明显变少了，这使得贾拴成有更多的闲暇时间去思考未来的出路。他时常会去村口的溪边坐一坐，看看村里的低矮房屋，看看大片大片的沙荒地。看着看着，他走了神，而将他思绪拉回来的一定是村口广播的声音。广播里经常会播放一些新闻节目和歌曲，贾拴成很少会注意到广播里究竟说了些什么。

一天午后，贾拴成像往常一样坐在溪边，广播里播放着歌曲，他觉得吵闹，便起身准备回家。正要走时，广播里传来了这样的声音："河南商丘农科所研发出了一亩地能产一万多公斤的红薯品种。"不知道为什么，贾拴成突然像被电击了一般，"一万多公斤"这个数量在他脑海里不断地盘旋，这似乎让他看见了某种希望。他想，如果这条消息可靠的话，他可以引进高产的红薯品种，这样亩产一增多，一亩地上的红薯就可以帮他多赚好多钱。

想到这里，他飞奔回家，将广播里的消息第一时间告诉了家人并谈了自己的想法。这一次，家人还是一如既往地选择支持他。父亲跟他说："不要管别人怎么想，你想做就去做吧，但前提是你得知道这条消息是不是真实可靠的。切记不能盲目行动。"

贾拴成认为父亲说得非常有道理，他要亲自去搞清楚。春节一过，他就和哥哥一起去了商丘。

到达商丘后，贾拴成来不及休息，便和哥哥找到了亩产一万多公斤红薯的几户人家。对方对贾拴成说："这个红薯新品种叫作52-7，今年在我们这里亩产确实是达到了一万多公斤，而且品质也非常不错。"

贾拴成内心激动极了，从当地的农民那里买了一些这个品种的薯苗①，便和哥哥急忙登上了回程的列车。

在路上，贾拴成努力让自己镇定下来，因为需要他考虑的事情还有很多，比如：这些薯苗种在自家的田里能不能成活？亩产能不能达到理想的数字？他知道，自己还不能盲目乐观，因为这一切还都是未知数，还需要自己用最后的结果去检验。不过，奇妙的是，他的心里似乎始终有一个声音在对自己说："试试吧，结果不一定会差，你离成功不远了。"

回到家后，贾拴成把薯苗存放好，等待着栽种那一天的到来。

那夜，贾拴成仔仔细细想了很多，从在哪里栽种、怎么栽种想起，又想到栽种多少亩、栽种后如何管理等各种问题。他

---

① "薯苗"指红薯苗。

⊙ 贾拴成参加农业博览会，寻找商机

不记得自己是何时睡去的，只记得天一亮，他就随着母亲起来了。

等着母亲忙活完，一大家子坐在一起吃了早饭，他把想法认认真真地讲给父亲和哥哥听，他们都表示赞成。

春耕的日子很快就到来了。贾拴成迫不及待地拉着哥哥去了地里。他们花了一天的时间在自家的地里种下了两亩红薯。种完后，贾拴成并没有感到劳累，他和哥哥坐在地头，对哥哥说："不知道这个品种的红薯在咱们这里能不能实现亩产一万公斤，这次我心里真没底，希望最后的结果是好的。"

哥哥也叹着气说："是啊，这种红薯在河南省能产那么多，在咱们这里还真说不准呢！"

"不过也不用太悲观，既然我们种下了，这些苗变长、变壮以后肯定多多少少会长出来红薯的，只要我们后期多加管理，结果一定是好的。"哥哥鼓励贾拴成说。

贾拴成觉得哥哥说得对，他不应该过于担心，只要勤于管理就行了。

但是，自从薯苗种下以后，贾拴成发现自己根本无法做到平心静气。他几乎日日夜夜都在想薯苗长势如何。那段时间，他经常早出晚归，每天醒来的第一件事就是赶到地里看看薯苗。

母亲经常需要到地里喊他回家吃午饭，但很多时候他仍然不愿意回家。母亲觉得很无奈，只好把饭菜送到地里。他吃完就继续待在地里，有时累了就在地头来回转转，或是去别人的地里看看庄稼。

到了晚上，贾拴成会回家喝两口稀饭，再接着往地里跑，不为别的，就是想看着薯苗。傍晚，很多乡亲会围坐在地里聊聊天，贾拴成也会参与其中。不过，等到大家散去时，贾拴成还是会一个人留在地头坐上很长时间。每次能让他动身回家的也就只有春天的夜风了——虽然天气在慢慢变暖，但是夜晚还是有些凉意的。

这样的日子持续了一个多月，贾拴成的生物钟已经被完全打乱了，但是当看着慢慢长大的薯苗时，他觉得自己付出的一切都是值得的。之后，贾拴成前往地里的次数相对以前减少了，心里也越来越踏实，他知道自己还有一股劲没有使出来，在等待着丰收的那一天。

又是一年秋收时。红薯成熟了，贾拴成带着全家人收获两亩地的红薯。让他们激动的是，两亩地的红薯产量达到了近两万公斤，而且红薯个个硕大！这是几个月以来贾拴成做梦都想实现的愿望，如今这些丰收的红薯真实地摆在他眼前，他竟然有点儿不敢相信自己的眼睛。

在激动的同时，贾拴成没有忘记接下来要做的事情，他和家人一起将红薯分装好，再拿到市场上去卖。

说来也是巧，红薯52-7成熟早，它上市的时候，市场上就只有这一个品种的红薯。因此，这两亩地产的红薯卖得很快，这些红薯让贾拴成赚了一万多元！

这个数字让贾拴成非常震惊，他知道自己大概找到往后努力的方向了，这也极大地增强了他的信心。也就是从这时候起，他决定要走种植红薯的道路。

1996年对于贾拴成来说是不平凡的一年，这是他成功的第一年，也是他有信心追梦的开始之年。

与此同时，更大的好消息在等待着他。也是在这一年，新乐市①政府为了促进粮食市场平衡化、农民收入多样化，开始尝试在全市范围内调整种植结构。

市里有关部门的领导听说了贾拴成从河南引进的新品种红薯亩产接近一万公斤，于是带着各大乡镇的干部赶到贾拴成的红薯地，在那里开了一场动员大会，鼓励大家种植红薯，还把红薯种植列为了新乐市的特色产业。

同时，省、市两级媒体竞相报道贾拴成试种新品种红薯亩产近一万公斤的事情，几天时间里，报纸上、电视里、广播中，"贾拴成"三个字被反复提及，他在新乐市一下子成了"明星"，周围的人还给他起了一个"红薯大王"的称号。不管走到哪里，贾拴成经常能够听见有人这样称呼他。这时，他意识到，实现自己曾经的致富梦不再是遥不可及的事。他的世界慢慢有了希望，他也有了走下去的决心和动力。

---

①1992年，新乐县变为新乐市。

从零学起

第一年的成功并没有让贾拴成骄傲，他心里清楚自己还有很长的路要走。红薯52-7虽然能实现亩产约一万公斤，但是与其他品种的红薯相比，既不是最香甜的，也不是最软糯的。乡亲们买了一次就不想再买第二次了，这样的买卖持续的时间不长。贾拴成在意识到这个问题后，就一直在琢磨解决问题的办法。

贾拴成明白，要改变红薯的品质，就必须改变种植技术，而种植技术的专业性太强了，他是不太懂的。不过，他决心补上这一课。他知道，这是他必须攻克的一道难关。

为了学习种植技术，贾拴成又开始了新的忙碌，他开始尝试通过各种途径去结识农业方面的专家，以便解决问题。专家们给他推荐了一些书籍，其中《作物栽培学》和《红薯栽培技术》这两本书让他觉得用处非常大，所以，不管走到哪里，他都会带着它们。

刻苦学习的那段日子令贾拴成至今也无法忘记。它既让贾拴成收获了专业上的知识，也让他感受到了凡事从零起步的艰辛。贾拴成记得，在那些日子里，遇到书上看不懂的知识，他就虚心请专家为自己进行讲解，并把知识点都记在本子上。

就这样，贾拴成坚持学习了两年。后来，贾拴成在实践中有了很多新想法，慢慢从一个靠天吃饭的农民变成了依靠科学技术种植红薯的专业户，这样的变化为他接下来研究新品种的红薯打下了坚实的基础。

1999年，已经系统学习过红薯种植技术的贾拴成又有了新的想法。虽然贾拴成种植的红薯的品质在不断地提高，但是在他看来，自己要想走得稳、走得远，还需要继续对品种进行改良。但是，说起来容易，做起来难，他一直没有找到方向与突破口。

恰在此时，田里几株不同寻常的红薯引起了贾拴成的注意，他突然想："我是不是可以搞杂交红薯呢？"他被自己这个多少有点儿"离谱"的想法吓了一跳，不过，静下心来细细想一想，这并不是不可能的事情。这晚，贾拴成心中一直被一种难以描述的激动情绪占据着。

第二天一早，他就立即赶往市里，向专家们请教。但是，深奥的知识对于贾拴成来说，学起来并不容易，他几乎花了整整一年的时间才吃透其中的原理。在这个过程中，认真刻苦的贾拴成积极收集各种数据，用请教来的方法反复进行实验。通过不断学习，贾拴成逐渐认识到，利用红薯杂交技术来育种并非不可能，他有能力沿着这条路走下去。此时，他已坚定了信心，要开辟一条崭新的红薯种植之路。

钻研技术

2000年，贾拴成开始走上了艰难的钻研红薯杂交技术之路。虽然在前期学习过程中贾拴成已经掌握了一定的知识，但是当自己真正去钻研的时候，他还是感到力不从心。

贾拴成决定从细节出发研究红薯杂交技术。他翻烂了十几本资料，收集了数以千计的样本，对比了数不清的数据，解决了无数的难题。他又使出了当年第一次种植红薯的劲头，只不过这一次不再只是守望着田间地头，而是往返于薯田①与书桌之间。功夫不负有心人，凭借着不懈的努力与坚忍不拔的意志，2003年，贾拴成迎来了人生中的又一个丰收时刻——淀粉型红薯新品种新农1号培育成功！

与此前贾拴成种植的红薯相比，新农1号红薯的品质跃上了一个新台阶。它的口感软糯细腻。它一上市就受到了老百姓的欢迎，被抢购一空。第二年，新农1号更是得到了专家、薯农②和消费者的广泛认可，被相关部门在河北省推广。农民大面积

①"薯田"指种植红薯的田地。
②"薯农"指种植红薯的农民。

地种植这种红薯。

新农1号的成功不仅给贾拴成带来了经济上的收益，也使他充满了继续研究新品种的信心。直觉告诉贾拴成，新农1号不应该是他培育红薯之路的最后一站。就品种本身来说，它还有继续优化的可能性与空间；而对于贾拴成来说，他觉得自己应该为广大薯农增收贡献力量。新农1号在整个河北推广种植不久，贾拴成又相继培育出了新农2号、新农3号、新农4号等多个新品种。

与此同时，贾拴成刻苦培育杂交红薯的消息也不胫而走，全国各大媒体竞相报道。这些报道成了贾拴成和他的红薯新品种的免费"广告"，商贩和农户从全国各地络绎不绝地来到东名村购买种苗。

新农1号和新农4号最受青睐，这两个品种的种苗被抢购一空。而更使贾拴成欣喜的是，他培育的这些种苗在北京、廊坊举办的农产品展览会上得到了参会人员的一致好评。

这时候，贾拴成没有沉浸在成功的喜悦之中，而是继续培育新的品种。他又承包了二百多亩土地，这些土地专门用来种植他从全国各大红薯科研院所引进的优质品种红薯，他还种植美国黑薯、日本黄金薯等多个品种的红薯。

这些新品种的红薯在后来的市场检验中都获得了不错的评价，深受新乐市及周边地区农民的喜爱，他们都说："这些新品种的红薯就是和我们以前种的不一样，我们吃了还想吃！"

贾拴成每每听到这些话，内心是充满喜悦的，他知道自己

⊙ 红薯丰收了，贾拴成的脸上洋溢着灿烂的笑容

离梦想又近了一步。培育杂交红薯以及试种新品种红薯的成功给了贾拴成莫大的鼓励，让他前进的步伐更加坚定。

攻坚克难

在很多人眼里，贾拴成是一个什么事都能做成、做好的"能人"，但只有他和家人知道这一路走来，他付出了多少劳动、承受了多大压力。

在新品种得到推广后不久，贾拴成就遇到了一个大难题：这么多的红薯该如何储藏？在此之前，由于红薯产量有限，贾拴成随收随销，放在自家库房的时间并不长，他没有遇到防腐保质的问题。但是，随着产量的快速提高，红薯周转需要一定的时间，如何储藏红薯的问题就暴露出来了。

刚开始，贾拴成认为这个问题不大。他一面不断翻阅相关专业书籍，请教技术专家；一面活学活用，想尽各种办法改善储藏条件。但是，失败却接踵而至。失败，试验；再失败，再试验……他不断尝试各种方法。

他不知道前前后后付出了多少辛勤的劳动，但状况始终没有得到改善，甚至有一次还出现了三窖红薯全部腐烂的情况，一窖红薯十万斤，三窖就是三十万斤，按照当时的市场价计算，三十多万元就这样打了水漂。

接连的失败不仅让贾拴成产生了自我怀疑的心态，也使一向无条件支持他的家人都劝他不要再"瞎折腾"。那段时间，一向温柔贤惠的妻子也屡屡因此与他发生争吵。

那时的贾拴成真的有些受不住了，内心开始动摇，他也不知道自己该不该继续走下去。那些天，他整夜地睡不着觉，回忆着这一路的艰辛，也常常坐在窗边默默流泪，说着"男儿有泪不轻弹"，却总也忍不住。

贾拴成经过一段时间的休整之后，不服输的劲头又上来了。他决定再尝试一次。他对原来的技术进行了全面的改进……这一次，他成功了！红薯储藏问题得到了彻底的解决！

贾拴成再一次流泪了，只有他自己明白这是多么不容易，这些成功是他用无数个日夜换来的，强度过大的工作也累垮了他的身体，他感到疲惫不堪。不知在什么时候，他昏睡了过去，一天一夜没有醒来。

贾拴成在醒来的时候看见妻子坐在床边偷偷抹眼泪。他知道妻子定是在这里守了很久很久。他握着妻子的手说道："别哭了，我没事，试验成功了，我不会这么拼命了。"妻子望着贾拴成，满眼的心疼……

红薯储藏的问题解决了，但还有很多事情等待贾拴成去考虑，其中两个重要的问题就是，随着种植规模的不断扩大，如何保证红薯具有较高的品质，如何提高产量。

只要一有时间，他就努力阅读专业书籍。他经常去图书馆，那里成为他除薯田之外最常去的地方。

贾拴成每每去图书馆时总会让妻子去村头买一包馒头，他备上一大壶水，带上笔记本，在图书馆一待就是一下午。晚上，等到图书馆关门的时候，他才心满意足地回家。

回到家里，他也不停歇，每次都会熬夜整理自己一下午做的笔记，圈出不懂的地方。如果实在琢磨不透，第二天一大早，他就会骑上摩托车，赶十多里的路，去请教老师。

每每有人问起贾拴成："为啥不能打电话呢？这样多麻烦、多耽误事啊。"他总会笑着回答："我怕打电话问不清楚，去老师家的路不太远，我不怕麻烦。刚好老师的年纪也大了，每次去他家的时候，我也可以捎上一点儿补身体的东西，去看看老师。他一个人住，我去了也能陪陪他。"

就这样，贾拴成一边学习知识，一边不断地研究红薯栽培技术。即使遭遇失败，他也会一遍遍地重复，在失败中总结教训。遇到不懂的问题，他会立刻去解决。

终于，他在全国率先提出了红薯水浇地旱作高产栽培技术。

采用红薯水浇地旱作高产栽培技术，不仅省水、省电、出苗早、杂草少，对根部后期膨大也有利，而且用工还少。此项技术应用后，成本得到了控制，品质也得到了保证，每亩地的红薯可以增加收益近四百元。

许多红薯产区的农民习惯采用藤蔓多年连续繁殖的方式种植红薯，而薯苗的先天条件与产量关系很大。壮苗被插进地里后发根早、抗逆性强、生长快，这种苗长成后红薯成熟早；而用老蔓截成的苗、弱苗则发根迟，茎叶生长慢，这些苗抗逆性弱。研究显示，在相同的生长环境中，无论壮苗与弱苗是在肥力中等的土壤中还是在肥力较高的土壤中生长，壮苗均比弱苗的产量高百分之二十以上。同时，在人力和肥料的消耗上，弱苗都比壮苗要多一倍，甚至多两倍。在定植时，弱苗还会出现很多倒苗和死苗的情况。因此，培育壮苗是提高红薯产量和质量的关键性技术之一。

当时，贾拴成对现有种植技术进行了大胆的改进。他的做法是，在出苗前的第三天就把大棚上的薄膜揭开，让苗的叶片充分地吸收阳光，提高光能利用率。采用这种方法，可以让薯苗在常温下生长，缩短缓苗期，减少薯苗在定植期间出现的倒苗和死苗的数量，从而提高红薯的产量，最大程度地增加每亩地上红薯的收益。

村里的农民，甚至外村的红薯种植户都得知贾拴成开发出了新技术，纷纷赶来向他"取经"，希望他能够将新技术传授给他们。每当这个时候，贾拴成会毫不吝啬地将技术教授给他们。

贾拴成知道，其他红薯种植户和自己一样，生活得并不容易，通常是上有父母需要赡养，下有子女需要照顾，他们年年守着承包的田地，为的就是在红薯成熟的时候多卖些钱。

时间一长，贾拴成有了这样的思考：自己富起来是不够的，只有乡亲们都富起来，他的努力才是有意义的。于是，贾拴成有了更多的想法……

第四章　脚踏实地，行稳致远

从卖薯到售薯苗

红薯水浇地旱作高产栽培技术应用后带来的可观收益，让贾拴成再次火了起来，很多薯农到东名村去求技求苗。由于前来的人太多，贾拴成又毫不吝啬，被送出去的薯苗越来越多，因此他为下一年预留的种苗已经不多了。这引起了贾拴成新的思考，他又一次做出了一个大胆的决定：向薯农出售种苗，以最低的价格让薯农赚更多的钱，让好吃又高产的红薯为更多的农民打开致富的大门。

虽然有很多人表示不理解，但在贾拴成看来这不过是水到渠成的事情，因为助人为乐的精神早已融入贾氏家族的血液，爷爷、父亲都是他的表率，他自然也有责任将这种精神传承下去、发扬光大。

在面对记者的采访时，贾拴成就这样说道："我的心愿是通过自己的努力带领大伙致富，为国家多作贡献。"就这样，贾拴成和大哥逐渐由以种植商品薯为主转为以销售薯苗为主。

但是，这种转变并不是能够轻易实现的。贾拴成首先要解决的是规模化育苗后如何保证种苗质量的问题。由于气候等外部因

⊙ 贾拴成查看种苗生长情况

素不断变化，在贾拴成培育薯苗的过程中出现了不出苗、出苗率低、前期成活率低等问题。

贾拴成把工作重心放在了小拱棚育苗这件事情上，最终找到了解决问题的办法。

后来，通过采用新技术，贾拴成种植红薯的面积得以不断扩大。在种植、销售红薯之上，销售薯苗为贾拴成增加了额外的收益。

贾拴成决定将每株种苗的售价降到五分钱，这样一来，前来买种苗的商户和薯农越来越多。贾拴成真正地成了培育、经销薯苗的专业户，成了名副其实的"红薯大王"。

互联网上的机遇

种苗实现了大规模产出，但是要想打开更大的市场、形成自己的销售渠道，贾拴成应该仔细琢磨、认真研究。为此，贾拴成开始探索新的销售方式。

之前，贾拴成每到薯苗的销售季节，总是四处联系客户。有时候，联系客户就占用了他绝大部分的时间。对于联系到的客户，他还需要送货上门或者办理托运。这样一套流程走下来，贾拴成在那几年没挣到多少钱，物流从业人员的名片他倒是积攒了几百张。

贾拴成意识到，这样的销售方式太费时间和精力了。最重要的是，由于那几年红薯的种植面积在不断地扩大，每年薯苗的需求量也在增加。

贾拴成和哥哥想做一些广告，加大对自己家薯苗的推广力度。他们问遍了市里的广告公司，宣传费用高得令人咋舌。

对于当时的贾拴成和哥哥来说，他们实在没有办法去承担高额的支出，权衡下来，只能放弃了这个想法。

一个转机在2005年的时候悄然而至，同村的年轻人向贾拴成介绍了互联网方面的知识，这让他眼前一亮，他由此开始了新的尝试。他尝试着在一些农业方面的网站上发布红薯种苗的销售信息，取得了不错的反响，种苗销售量逐渐增大。

贾拴成果断地抓住时机，自筹三万元资金，建起了简单的网站，进行相关产品的宣传。第一年网站的浏览量不尽如人意，但是第二年网站的宣传就开始有了效果，后来每一年的浏览量都比前一年多。这进一步坚定了贾拴成依靠互联网建立销售渠道的信心。

不久，贾拴成又组织人员建立了系统更为完善、内容更加全面的红薯信息网，他可以更为精准地掌握市场上红薯的销售趋势。时间长了，全国各地打电话来咨询购买薯苗的客户也在不断地增多。

根据销售成果，贾拴成进一步认识到，以互联网为载体的销售模式将成为主流，他必须紧跟这种时代趋势，并在此基础上使自己的营销手段迭代升级，这样才能在市场中始终游刃有余，为自己和乡亲们创造更多的收益。

贾拴成根据自己的判断又分别在北京、内蒙古、山西等地设立新乐红薯经销点，以占领大城市的红薯销售市场。同时，贾拴成又拿出部分资金赶在每年薯苗销售旺季前做广告，寻找对薯苗有需求的种植户和商户。

此外，为了进一步加大对市场的开拓力度，提高影响力，贾拴成又四处奔走，参加省内外的农交会，寻求与专业人士进行交流的机会。通过交流，他一方面能够宣传自己的产品，提高产品的知名度；另一方面也能和业界同行互相学习，共享技术和品种资源。

令贾拴成更为欣喜的是，在参加展会时，他所研发的新农3号、新农4号等红薯新品种获得了参会专家的一致赞许。同时，《中国青年报》等报纸对贾拴成的事迹进行了报道，他后来成功地打造了新乐红薯品牌。

随着红薯种植事业的不断发展，为了维护销售网站——红薯信息网，贾拴成聘请了返乡创业的大学生，他们及时更新网站上的红薯销售信息，发布相关动态。

如今，红薯信息网的用户遍布全国，它已经成为国内出名的红薯交易网站。红薯推广销售、栽培种植、加工指导等方面的信息一应俱全。其中，与供求信息相关的栏目更是受到了经销商、种植户的普遍喜爱。

在贾拴成看来，他倾力创建这个网站，不仅要推广先进的红薯种植经验，而且要为广大的红薯种植户提供一个畅通的供求信息交流渠道。每到红薯交易旺季，这个网站的运营工作就非常繁忙，网站的管理人员还为从贾拴成家购买薯苗的客户提供特别的服务，所以，这些客户的红薯从来没有出现过卖不出去的情况。

销路打开了，不等于万事大吉了。在贾拴成看来，想要把自己的薯苗做成品牌，维护好自己的品牌形象，让客户买得放心，种得也安心，就必须做到诚信经营，切实保证薯苗的品质。在这方面，贾拴成花了好多的心思。

贾拴成又开拓了"互联网＋合作社＋种植户"的营销模式，让互联网走进薯农的生活，种植户购买薯苗也更加方便了，同时，更多的人能够通过互联网了解薯苗种植技术。这种营销模式将互联网、合作社、种植户融为一体，互联网不仅为贾拴成和其他种植户的薯苗打开了销路，也使得其薯苗的市场影响力不断提升，购买薯苗的客户也因此遍布全国。

这样一来，在远距离运输的情况下怎样才能保证薯苗具有较高的成活率，就成了一个必须解决的紧迫问题。

对于这个问题，贾拴成仔细研究了不同运输方式的利弊。最后，在哥哥的建议下，他决定选择空运的方式，也就是说，在远距离运输过程中，要让薯苗坐上飞机！这样做，虽然运输成本一下子高了不少，但其成活率也提高了一大截。

在经过仔细核算后，贾拴成认为，空运的成本在自己可承受的范围之内。他曾经这样说："住在机场周边的客户大都会选择空运，因为飞机的速度快，在几个小时内飞机能到达很多城市，目前空运的销量占到了我们薯苗总销量的六分之一。"

随着每年红薯和薯苗销量的递增，贾拴成"红薯大王"的名气越来越大。贾拴成的产品在市场上占有很大的优势，他给薯农带去了希望。他辛苦培育的种苗在我国很多地区的土地上生长，他的理想实现了，他成了父亲的骄傲。

红薯产销新模式

那些年，贾拴成研究新的红薯种植技术，培育新品种，创办红薯信息网，都取得了显著的成绩。村里的乡亲们也都夸赞他："不愧为'红薯大王'，种植红薯有一套独特的好方法。"

不过，在贾拴成心里，不知道为什么，他始终觉得少了什么，或者说还有应该做的事情。他总会回忆起自己创业之初的艰难。那时候，他刚去市场上跑销售，因为没有人脉，也不懂农产品的销售方式，就只能拿着自己的红薯样品一家挨一家地推销。

他一天忙活下来，不光累，红薯也没有销售出去。后来，贾拴成碰壁的次数多了，他也成功地摸索出了一套销售方法，销售情况才越来越好。

贾拴成觉得，当时的薯农也都普遍面临自己以前遇到的难题，自己应该把多年摸索出来的方法同大家一起分享，让更多的薯农少犯一些错误，少走一些弯路，少吃一些亏。

贾拴成说干就干，与合伙人洽谈好后，他们联手建立了新乐市新农薯业中心、新乐市红薯协会。贾拴成承担起了免费为广大薯农提供红薯种植技术的责任，最大程度地为他们解决红薯种植方面的问题。

从那时开始，每年年初，贾拴成都会同哥哥一起前往北京、内蒙古、山西等地联系客户，代表红薯协会同他们签订红薯购销合同，确立正式的合作关系。回到家后，贾拴成和哥哥会根据客户的需求制订生产计划，安排工作人员培育薯苗，组织薯农种植红薯。

在帮扶薯农方面，贾拴成会以低于市场价百分之十的优惠价格给薯农提供薯苗。待红薯成熟后，客户会以高于市场价百分之五的价格收购红薯。红薯协会最后统一结算，付给薯农钱款。

通过这样一种"客户与协会签订合同，协会组织薯农按合同生产，销售后协会统一结算"（"客户+协会+薯农"）的利益联结机制，贾拴成为广大薯农的产品提供销路，不仅解决了"一家一户不易销，外来客户不好购"的问题，也给村里没有稳定收入的妇女提供了工作岗位，让她们利用照顾家庭之外的空闲时间干一些活，也能有一份稳定的收入去贴补家用，从而提高生活质量。

功夫不负有心人，贾拴成牵头创办的新乐市红薯协会共有本地会员八百多名、网上会员两千多名。

2009年初，贾拴成为了进一步开拓市场、服务更多薯农，又同合伙人一起创办了新乐市新农红薯种植专业合作社，并在合作社基础上成立了党支部。起初，合作社的运营效果并不理想。

同年9月，贾拴成积极寻求河北省、新乐市两级科学技术协会的帮助，成立了由他担任主任的河北省农技协甘薯专业委员会（下称"委员会"）。

委员会的成立，不仅能够解决合作社的运营问题，也可以进一步推动新乐市红薯产业的发展。

十几年来，在各级各部门领导的帮助扶持和贾拴成的带动下，委员会开展了一系列工作。这激励着贾拴成，也鼓舞着广大薯农。

在大家的共同努力下，新乐市的红薯种植面积达两万多亩，新乐市打造了红薯品牌。新乐市的薯苗远销全国各地，红薯产业持续发展，许多农民通过种植红薯走上了脱贫致富的道路。

⊙ 贾拴成（右一）与薯农一起收获红薯

请专家来到田间

贾拴成知道，想让红薯产业变大变强，不但要靠自己和薯农一起奋斗，而且要依靠科学技术。贾拴成每年都会邀请大量的农业专家讲授知识和技术，这些专家大都来自大专院校，他们每次提出的种植方法都能让贾拴成和薯农受益。

在2010年和2011年，新乐市红薯协会与河北省农林科学院、河北省农业广播电视学校联合举办了河北省红薯栽培新技术培训班，授课的是来自河北省农林科学院和山东省农业科学院的专家。

为了达到最好的培训效果，在第一次培训结束后，贾拴成急忙与专家们进行了沟通，想让他们常态化地到新乐市教授种植红薯的新技术，专家们欣然同意。

后来，随着培训次数的增多，每次来听课的人也越来越多，其中最多的一次竟然来了三百多人。这样的效果让贾拴成感到既出乎意料又异常欢喜。

与此同时，培训班还吸引了《河北科技报》《河北农民报》等新闻媒体记者的注意，他们不仅采访了前来授课的专家，还采访了参加培训的部分学员。

媒体的宣传进一步提高了新乐市红薯产业与新乐市红薯协会的知名度，这真是意外的收获。这样的效果让贾拴成意识到培训班、会议等形式能够对红薯产业的发展起到非常重要的作用。于是，他计划利用更多的活动来推动当地红薯产业的发展。

2013年2月，贾拴成琢磨着举办一场关于红薯产业的发展论坛。有了这个想法后，他立即联系到新乐市科学技术协会的工作人员，与他们进行了沟通。经过商议，大家一致同意举办河北省红薯产业发展论坛，并对其中很多细节进行了研究。

举办论坛的消息发布后，很多人纷纷响应。论坛开幕时，前来参会的嘉宾有河北省科学技术协会、河北省农林科学院等单位的专家，还有一部分是从各地慕名而来的红薯种植专业户。

在论坛上，这些专业户积极交流红薯种植经验，纷纷提出自己的问题。在论坛的最后部分，河北省农林科学院的专家围绕大家的问题作了题为《现代红薯产业的发展现状、问题与对策》的报告。在这个报告中，专家解答了参会者的众多问题，并分析了红薯产业以后的发展方向。

参会者纷纷表示收获很大，并希望以后还能参加类似的活动。贾拴成对此感到非常欣慰，认为这样的论坛对薯农来说是一个好的学习机会，也是可以长期举办下去的。

河北省红薯产业发展论坛圆满举办后，贾拴成并没有因此停下脚步，在此后的几年时间里，他每年都会邀请城里的技术人员下乡指导乡亲们种植红薯，总计二十余次。技术人员不仅会耐心地解答问题，还会发放一些图书供乡亲们学习。

在此基础上，每到红薯的种植时节，贾拴成便会把技术人员邀请到田间地头。乡亲们见到技术人员，问题也多了起来。这时，技术人员便会住在乡亲们的家里，与他们一同吃喝，及时解决他们在红薯种植过程中遇到的各种问题。乡亲们特别感谢这些技术人员。

技术人员结束指导回城时，乡亲们总是舍不得他们离开，总是送上一程又一程。对于乡亲们来说，技术人员是他们科学种植红薯、发家致富的护航者。

贾拴成在欣喜的同时，又有些隐隐的担忧。

市场形势千变万化，竞争日益激烈，各种产品层出不穷，如果生产者不紧跟市场，其产品就会落后于他人。红薯市场竞争非常激烈。如果不具备更高的附加值，红薯最终也只能是初级农产品，种植户的利润空间十分有限。

如何让红薯创造更大的价值？这是贾拴成一直在思考的问题。贾拴成打算再一次举办红薯产业发展论坛，邀请专家一同讨论红薯产业未来的发展路径和方式。

还是说干就干！经过与多方的沟通，2015年4月，贾拴成在河北省科学技术协会的支持与帮助下成功举办了第二届河北省红薯产业发展论坛，多达三百余名相关人员参加了论坛。他们之中有来自农业科研机构的专家，有来自全国各地与红薯相关的协会、合作社的代表，还有红薯种植大户、客商。

大家聚在一起，共同探讨红薯在种植、储藏、加工等各个阶段的问题，并且着重讨论了红薯产业未来的发展方向。

论坛开始时，专家们首先对红薯产业发展面临的问题进行了研讨。大家一致认为，当时红薯的深加工还处于低级阶段，种植户只是简单地将红薯做成红薯条、红薯片、红薯粉、红薯泥等低附加值产品，因此这些红薯制品在市场上受欢迎程度不高，消费者购买的欲望也不强烈。

"如果每家每户（种植户）都去卖红薯条、红薯片这些低级产品，那么红薯的利用率就无法得到提升，红薯产业就无法创新，更无法健康持续地发展下去。"专家这样说道。

有的参会代表带来了用红薯制成的新产品，也介绍了加工红薯的新技术，例如由红薯和果蔬加工而成的饮品、低温膨化技术等。这些产品和技术开阔了参会人员的视野，也让他们有了新的思路。

有的参会人员表达了与红薯种植户进行深度合作的意愿，他们希望以此共同推动红薯产业的可持续发展，表示"关于技术设备等方面的问题，我们都会尽全力帮助解决"。这对红薯种植户来说无疑又是一个巨大的机会。

在论坛结束时，记者问贾拴成："您举办红薯产业发展论坛的初衷是什么呢？"

贾拴成想了一会儿，回答道："虽然大家都叫我'红薯大王'，我所培育的种苗也有了相应的市场销售渠道，但是我并不认为这是结束。这几年，我一直密切关注着红薯产业的变化，有些问题让我很揪心：一是红薯产业在未来的发展问题，二是薯农对产业的把握问题。这些都是随着市场变化而日益突出的重点问题。我作为一名党员，作为一名薯农，有责任带领大家一起去解决这些问题，让更多的人掌握产业发展方向，和他们一起推动红薯产业不断发展。"

随后，贾拴成又补充道："红薯产业发展论坛的成功举办离不开各级政府部门的共同支持，我们应该让薯农把握机会，积极参与，让更多人更快地脱贫致富！"

贾拴成是这样说的，也是这样做的。一直以来，贾拴成在不断引进新品种红薯的同时，也在推广红薯种植技术，带领薯农发家致富。

经过多次试种，贾拴成才摸索清楚哪些是优质品种，哪些品种的红薯不适合种植。他每年都会把优质的种苗赠送给乡亲们，多年来赠送的种苗达五千多万株。乐于助人的精神在他心底发芽生根，这种精神已经成为他精神世界的重要组成部分，也支撑着他走过了一个又一个春秋。

⊙ 贾拴成（右一）指导农民种植红薯

尽全力交付薯苗

虽然贾拴成的红薯事业发展迅速，每天需要他操心的事情越来越多，但是，他仍旧惦记着薯农、薯田、薯苗。

每年的5月上旬是新乐市的农民种植红薯的最佳时节，如果农民错过了这个时节，红薯成熟时品质将会受到影响。为了抓住种植红薯的最佳时机，各大红薯种植户都会争先预订贾拴成的薯苗。这样，时间一到，他们就可以及时种植。

但令贾拴成和种植户始料未及的是，2022年的情况发生了变化。5月前，新乐市突然出现了大范围的降温天气。温度的骤降影响了薯苗的生长，导致薯苗并没有按期长成，对于客户预订的薯苗，贾拴成不得不延期交付。但这样一来，待完成的订单越积越多，如果贾拴成交付薯苗不及时，错过薯苗最佳种植时节的后果是非常严重的。这让他十分焦虑。

贾拴成强迫自己镇定下来，仔细梳理了思路，最后决定马上拔苗①。

如果贾拴成能在一周内准备好订单上的一百万株薯苗，这个

---

① "拔苗"指将苗从育种的红薯上拔下来。

难关就能渡过去。但是，这样做的困难在于他一下子很难找到那么多懂拔苗技术的工人。

正在贾拴成犹豫之际，很多已经下了订单的种植户纷纷找上门来，向他要薯苗。

贾拴成不得不开始尝试四处联络拔苗工人，可结果并不好，最后他找到的只有四个人，而且他们全都是对拔苗毫无经验的新手。

但是，没有别的办法，贾拴成只能带着他们硬上，在拔苗过程中再面对面、手把手地教他们。虽然情况紧急，但是贾拴成依然对他们说："虽然时间紧、任务重，但是大家不能为了赶时间却忽略拔苗的质量。拔苗是关键环节，我们不能给客户品质差的种苗啊。"

拔过苗的土地还需要浇水，贾拴成将全部精力投入工作中。他白天拔苗，晚上浇水。虽然很忙，但是他没有喊过累，一心只想赶快交付订单上的一百万株薯苗。他明白这样做不仅能降低自己的损失，更重要的是能保证客户及时种植薯苗。

就在如此忙碌的时候，却出现了一段小插曲。

这一天，贾拴成像往常一样，吃过饭准备去地里，这时有个种植户找上门来了。他以为来人是为了催单，但令他没想到的却是因为薯苗的质量问题。

原来，这个种植户拿到货以后，发现里面夹着很多小苗，这种小苗是不能种植的。他气愤地跟贾拴成说："你看看这些薯苗，里面夹杂了多少株小苗！这些小苗能活吗？你做生意不能这样干啊！"

贾拴成看了以后，诚恳地说道："您把小苗拿出来，再数一数，看看与订单上的数量差多少。如果数量不够，我给您补薯苗。"种植户当场数，发现一株不少，便不再说什么了。

贾拴成通过这件事发现，工人们为了赶时间把小苗一起拔了，虽然他们在计算薯苗的时候没把小苗计算进去，但是这也会起到不好的影响。

于是，贾拴成又特地嘱咐工人们："小苗的成活率不高。大家在拔苗的时候注意一下，不要拔了小苗，要是拔下来了，就把它们扔了，不要让客户觉得咱们的薯苗掺杂了小苗。大家慢慢来，不要急，一定要保证质量。"

贾拴成知道拔苗是一件枯燥的事情，工人们在拔苗的时候还要计数，集中注意力才能挑选出壮苗，所以他时常会跟工人们一起拔苗。

但是，进度还是十分缓慢，几天下来，他们只完成了订单的一小部分，而且贾拴成始终没有找到新的工人。更糟糕的是，有些工人在拔了几天后就不再来了。

顶着巨大压力的贾拴成有些坐不住了，他急得在屋子里走来走去，就是想不出来该如何是好。

贾拴成知道，如果再不按时交货，那就不只是赔偿违约金的事情了，他未来还会失去这些大客户。

贾拴成越想越急躁，这些天听到不断响起的电话铃声，心里就越难受。这时，电话铃声又响起了。

"实在对不起，我们会尽快交货，请您再等等。"贾拴成拿起电话就说道。

"我打电话的目的不是催你。我也是购买薯苗的种植户，离你那里很近。我这边有大量的工人，他们最近没有工作。我可以给你介绍工人，你给他们开工资咋样？"原来，一个种植户得知了贾拴成的情况，特意打来电话帮忙。

贾拴成听到这些话后喜出望外，立即说："真是太感谢您了！我这边严重缺工人，请您把他们带过来吧。我们中午还管饭，工资一分不少。"

"那就这样，明天我就带工人过去。"种植户说完便挂了电话，贾拴成悬着的心也可以放下一半了。

第二天，那个种植户一大早就带着工人来到了贾拴成的家里，那些工人马上就开始工作。

贾拴成耐心地教每个工人拔苗的动作要领，他们很快学会了如何拔苗，连夜忙碌着。

看着大家辛苦的样子，贾拴成决定亲自为他们做午饭。他回忆说："那些天，在家的时候我坚持自己下厨，就是想让那些工人吃饱、吃好。"

那些工人吃完午饭也从不休息，赶忙去地里接着拔苗。他们很快就熟悉了拔苗工作，拔得又快又好。

贾拴成也不用日夜颠倒，一直待在地里了。缺少工人的问题得到了解决，那些种植户也能在约定的时间内收到薯苗了。一切都在慢慢好转，贾拴成这次心里真正踏实起来了。

拔苗的情况刚有好转，麻烦的事情又来了。离贾拴成所住的东名村约一百公里处，有个井陉县梨岩村，那是贾拴成红薯种植的推广点。

那天晚上，梨岩村的干部给贾拴成打电话说："我们村原本计划利用荒芜的土地去种植红薯，以增加农民的收入，可是眼瞅着要栽种红薯了，有个村民又反悔了。我们怎么劝都没有用，这可怎么办啊？"

贾拴成听后心里也很着急，不过他还是安慰那位干部说："你先别急，明天一大早我就去你们村里做做他的思想工作。"

第二天天未亮，贾拴成就驱车去了梨岩村，这并不是他第一次去，所以他对路线很熟悉。

刚到梨岩村，贾拴成来不及休息，就立即赶往那位反悔的村民老高家里。原来，老高觉得种植红薯的经济收益不高，以前他家并没有种过，所以他还觉得种植红薯会存在一定的风险。

贾拴成弄明白后跟老高耐心地解释道："咱们这里是很适合种植红薯的，不管什么天气，都不会有绝产的情况。每逢干旱，其他作物是很难生长的，可是红薯不一样，它只会稍微减产，农民并不会损失很多。"

"我就是不想种植红薯，一亩地产红薯五六千公斤，怎么可能呢？"老高倔强地说道。

"过去大家种植的都是一些品质差、产量低的红薯，大部分都是亩产一两千公斤，好的时候两三千公斤，经济收益并不是很高。但是现在咱们种植的红薯已经不一样了，而且我们利用科技种植，一亩地的红薯能赚几千元呢！"贾拴成依旧耐心地说。

"搞不懂你们这些东西。"老高摆摆手，起身便离开了。

贾拴成看着他离去的身影，无奈地摇了摇头。虽然贾拴成有二十多年的红薯种植经验，可是在这一刻他的话也显得苍白无力。

栽苗的日子一天天临近，贾拴成再次找到了老高。他语重心长地对老高说："栽种薯苗的日子越来越近了，咱们再不种植，就会错过时节，那个时候想种也来不及了。"

"不种，不种。"老高固执地说。贾拴成端起茶杯，想了一会儿说："咱们这里的土壤是种植高品质红薯的好土，我已经种植二十多年红薯了，肯定不能坑你。"

贾拴成随即又补充道："我可以带你去看看种植红薯的大户，咱们实地考察一下再做决定，听听别人怎么说。"

听到这些话，老高有些动摇，犹豫道："村干部已经给我做过很多次思想工作，你的话也有道理，那可以，我跟你们去看一看。"

就这样，贾拴成带着老高走访了很多红薯种植户。每到一个地方，贾拴成就跟种植户说："我们来向你取取经，你跟我们说说红薯的收益情况。"

其中一个种植户说道："去年，也就是2021年，我们这里亩产多的达一万多公斤，亩产七八千公斤是很平常的事情。"

听到种植户这样说，老高来了兴趣，连忙问这问那，显然态度已经有所转变。

贾拴成趁热打铁，拿数据跟老高说："只要地里种上苗，我们再按时浇水除草，亩产六七千公斤是很容易的。一亩地的红薯能让种植户赚几千元，这样的经济收益已经是很高的了。你说是不是？"

"确实不错。"老高没有了之前的固执，心平气和地说道。

"这里的山地较多，可能产量不如别的地方，但是这里的气候条件优越，再加上土质好，所以这里产的红薯品质高、口感好，照样能卖个好价钱。"贾拴成激动地说道。

老高频频点头，已经能够接受种植红薯这件事了。看到老高同意的神情，贾拴成长长地吐了口气。

贾拴成没有拖延，立即找人帮老高按照计划种植红薯。直到梨岩村的村民种完红薯，他才驾车回去。

到家后，贾拴成欣喜地发现，工人们拔苗的任务已经全部如期完成。虽然后期还有些事情需要完成，但是贾拴成并不觉得劳累。"最难的时候已经过去了。"他在心里想。

贾拴成就是这样一个人：总是把别人的事情放在第一位。他渴望天下的农民都能和他一起走上生活富裕的康庄大道。

事实上，贾拴成已经在产业扶贫的道路上艰难地走了很多年，这一切得从2009年说起……

⊙ 贾拴成（右一）向薯农传授种植技术

第五章　无私奉献，为民谋利

扶贫济困

一人富了不算富，大家一起富才叫富。从2009年开始，贾拴成就一直在思考如何能以红薯种植业为抓手，带领乡亲们一起走上共同致富的道路。他觉得这不仅是自己的责任和义务，也是爷爷和父亲希望看到的。

最初，贾拴成只是走访石家庄周边的贫困户，帮助当地群众种植红薯。后来，贾拴成走访的范围不断扩大，他不仅进行技术方面的指导，遇到特别困难的家庭，还会赠送优质薯苗，尽最大努力去帮助他们。

后来，国家提出了打赢脱贫攻坚战的决定。贾拴成积极响应国家号召，帮助各地的农民开展红薯种植。多年来，虽然贾拴成没有获得多少物质财富，但是他的内心是"富裕"的。

虽然没有人硬性要求贾拴成帮助农民脱贫，但是他仍以带领农民发家致富为己任，每年都坚持扶贫。在他的带领下，众多贫困户都走上了种植红薯的致富路。

在扶贫的道路上走得越远，贾拴成越明白，要真正挖掉贫穷的根子，就应该让贫困户掌握科学的种植技术。就这样，贾拴成开始尝试技术扶贫。

那年春节刚过，贾拴成就匆匆忙忙起身前往河北省保定市阜平县骆驼湾村、顾家台村。为了了解当地的农业生产条件，他在那里住了将近半个月。

贾拴成通过研究骆驼湾村、顾家台村的气候、土壤、水源等因素，发现那两个村非常适宜种植红薯。他第一时间联系到了阜平县科学技术协会的有关领导，把了解到的情况、得出的结论以及种植红薯的具体措施和盘托出。贾拴成深知带领群众脱贫致富是一件艰难且漫长的事情，更明白授人以鱼不如授人以渔的道理，所以提出了以红薯种植业为抓手帮助群众脱贫致富的想法，这引起了当地有关领导的重视与支持。

后来，贾拴成通过阜平县科学技术协会向骆驼湾村、顾家台村捐赠了十万株红薯种苗，带领当地困难群众进行试验性种植。在种植的过程中，贾拴成经常与当地的试种农户进行交流，时刻关注地里的情况。他与当地老百姓熟识以后，常有人打趣他说："没见过对别人家的庄稼这么上心的人。"

那两个村的贫困户在贾拴成的带领下，学会了如何科学地种植红薯。那一年，乡亲们格外期待秋天的到来，他们想知道自己辛勤耕耘几个月的成果有多大，也想知道种植红薯到底能不能赚到更多的钱。

转眼，秋风起，黄叶落，丰收的季节到来了。乡亲们迫不及待地将红薯从地里挖出来，七八千公斤的亩产让他们兴奋不已，也使他们打消了此前的疑虑。毫无疑问，红薯试种已经在那两个村成功了。整个秋天，人们的脸上都洋溢着幸福的笑容。

这个消息也让贾拴成感到十分欣慰。他觉得自己一年来的往返奔波都是值得的，他的努力没有白费！

为了感谢以贾拴成为代表的河北省农技协甘薯专业委员会的热心帮助，阜平县科学技术协会的工作人员还特意送来一面锦旗，上面写着"扶贫济困""情暖民心"。

如今，红薯种植业已是骆驼湾村、顾家台村的特色产业，贾拴成看到贫困群众的生活在慢慢变好，便对后来的扶贫之路充满了期待。

2016年3月，贾拴成等人再次前往贫困地区，这次去的地方是河北省张家口市怀安县的南刘家窑村。

怀安县的年均降水量较少，昼夜温差大，种植农作物的自然条件较差。但是，在贾拴成看来，南刘家窑村的耕地非常多，这本来就是农业发展的一个优势。

贾拴成和河北省科学技术协会扶贫工作队的工作人员在了解当地的农业生产条件之后，一致赞同采用"先示范后推广"的方式推进红薯种植项目。

虽然南刘家窑村的土地较多，但是利用率很低，贾拴成了解到了这一点，在制订具体的扶贫方案时，便跟河北省科学技术协会扶贫工作队的工作人员说："这里的土质情况比较复

⊙ 阜平县科学技术协会的工作人员向以贾拴成（左二）为代表的河北省农技协甘薯专业委员会送锦旗

杂，我们需要仔细研究研究，将这些土地划分为若干块。"

贾拴成的意见得到了同行领导和专家的赞同，大家首先就土地划分问题、红薯试验性种植区域问题进行了研究。后来，贾拴成利用将近一个月的时间，对南刘家窑村的土地等农业生产条件进行了进一步详细的研究。回去后，他便向南刘家窑村赠送了八万株红薯种苗，并打算一步步指导贫困户种植红薯。

在红薯的生长阶段，贾拴成每天都会向驻在南刘家窑村的扶贫工作人员询问红薯的长势，还定期与扶贫工作人员进行电话、微信交流，以便及时解答乡亲们的各种问题。

秋收季节来临时，长势良好的红薯丰收了，没有参与试种红薯的村民纷纷表示想种植红薯。贾拴成这颗悬着的心终于可以放下来了。

在后来的几年时间里，贾拴成坚持帮助南刘家窑村的农民种植红薯。现如今，红薯产业已经在当地发展壮大，成了南刘家窑村的致富产业。

在贾拴成的扶贫经历中，像帮助保定市阜平县的骆驼湾村、顾家台村和张家口市怀安县的南刘家窑村发展红薯产业这样的例子还有很多，石家庄市平山县的安里村、行唐县的西城仔村……都留下了贾拴成的足迹。

四赴和顺

对于贾拴成来说，扶贫是没有地域之分的。他希望的是所有的农民都能过上好日子。

2020年6月，在全国总工会驻山西扶贫工作队以及当地村干部的邀请下，贾拴成来到山西省晋中市和顺县，开始了新的扶贫工作。他的扶贫之路延伸出了河北省。

说起贾拴成和和顺县的渊源，还需要追溯至2019年。那时的他已是中国劳动关系学院劳模本科班的一名学生。他以劳模班学生代表的身份跟随中国劳动关系学院有关领导，前往和顺县参加党建结对活动。

这一去，贾拴成便对和顺县阳光占乡念念不忘。据他观察，当地的农民在每年种植完一季玉米之后，就不再种植其他作物了，土地也自然而然地无人关注了。他看到此番情景，心里五味杂陈。他觉得这样不仅浪费了土地资源，而且也不利于增加村民们的收入。

在回城的路上，贾拴成在想：如果当地的农民种植红薯，他们的收入会不会提高？这个问题一直在贾拴成的脑中萦绕，他想帮帮那里的乡亲们。

机会真的来了。次年6月，收到邀请的贾拴成第二次前往山西省和顺县。刚到那里，他就把开展红薯种植的想法告诉了当地政府。得到支持后，他便选取了四个试种地点，教当地的农民进行红薯种植。

试种的种苗是贾拴成自己培育出来的优质品种，他跟当地的农民说："你们先试种看看结果如何，种苗我会免费赠送。对于你们在种植过程中遇到的问题，我也会尽全力解答。"

让贾拴成感到意外的是，当地的农民很信任他，对他的工作能力也非常认可。

秋收后，红薯种植户的收入都增加了不少，当地的农民说："看来种植红薯比种植玉米强得多，试种红薯算是成功了，感谢来自河北的贾同志！"

扶贫工作人员和当地的村干部都对贾拴成敬佩不已。后来，当地政府聘请贾拴成为红薯种植指导专家，而他与和顺县的缘分也远没有结束。

2021年6月，贾拴成第三次动身前往和顺县。在短短两天时间里，他去了四个试种地点。每去一个试种地点，他都要亲自传授种植红薯的经验，亲自指导乡亲们种植红薯。遇上雨天，贾拴成也坚持站在红薯地里，为大家一一解答种植时遇到的问题。

临走的时候，贾拴成为和顺县留下了两万多株种苗。那些种苗是贾拴成根据市场需求精挑细选的优良品种。他希望每一株种苗都能在和顺县的大地上生根发芽，能为当地农民带去富裕的生活。

贾拴成知道帮扶过程是漫长的，但他依然愿意带领当地农民一同走上发家致富的道路。

2022年6月，贾拴成第四次来到和顺县。为了进一步帮助当地农民种植红薯，贾拴成再次赠送给当地农民三十万株优质种苗。在紧张的两天时间里，贾拴成到和顺县的四个乡镇去帮助农民种植红薯。

6月8日，贾拴成到了和顺县的新寸村、河梁村等村庄，为村民带去了适应当地土质的四种优质种苗。

为了让村民更加了解种植红薯的技术，贾拴成在到达新寸村、河梁村的时候，向他们展示了从插苗到浇水，再到固土的具体过程，指导他们进行红薯试种。

6月9日，贾拴成前往和顺县横岭镇参加红薯种植培训会。贾拴成回顾了种植红薯的历程，他总结道："我们在做一件事时，一定要不忘初心、坚持不懈，这样才能有所收获。我从小受父亲影响，秉承着乐于助人、无私奉献的精神，坚持帮助群众发家致富。在被授予众多的荣誉称号后，我感受到了党和国家对我的认可，也有机会进入中国劳动关系学院继续学习。我非常感激党和国家对我的鼓励和支持。作为一名地地道道的农民，我会永远铭记心中的红薯梦，不忘初心，和大家一起见证

⊙ 2022年6月，贾拴成（前排右四）在山西省和顺县传授红薯的种植方法

新时代新农村的新面貌！"贾拴成的讲演感染了在场的每一个人。

四次赴和顺县，贾拴成得到了当地领导和村民的信任。第四次帮扶指导结束的时候，贾拴成还为当地村民留下了自己的联系方式。他告诉村民："无论有什么问题，你们都可以找我，我会一直帮助你们！"

多年来，贾拴成的坚持帮扶让和顺县的红薯产业得到了迅速发展，当地薯农的平均收入有了明显提高。

帮扶阳城

除了山西省和顺县以外，山西省阳城县也是贾拴成帮扶过的地区。2021年5月，中国劳动关系学院劳模本科班的同学得知贾拴成一直在通过推广红薯种植技术帮助农民脱贫致富，便想邀请他一同前往山西省阳城县独泉村进行帮扶指导，为当地农民带去种植红薯的经验和技术，帮助他们走出产业发展困境。

贾拴成收到邀请后，立即表示同意。他们随后便来到了阳城县。在红薯地里，贾拴成向种植户传授经验，手把手地教授他们种植技术，还向他们捐赠了一万多株种苗。

⊙ 贾拴成（手拿薯苗者）在山西省阳城县指导当地农民种植红薯

贾拴成告诉他们："试种成功以后，大家如有问题尽管找我，我会无条件地为大家提供技术！"

一直以来，贾拴成始终把一名党员的责任牢记在心，坚持行走在以发展红薯产业助力农民增收致富的路上。他每年扶贫的行程达十几万公里，多年来送出的红薯种苗有一百多万株，而究竟去过多少个贫困村、办过多少次培训会、传授过多少次经验，这些数字已经无法统计。

贾拴成认为，帮扶农民就是他的责任与本分。他说："在助力乡村振兴的道路上，我会越走越远，用一生的时间将红薯种植技术推广开来，让更多的乡亲们过上富裕的日子！"

捐资助学

贾拴成朝着自己的目标一步步前进。他清楚地知道，荣誉只能代表过去，自己的初心永远不会改变，自己有责任、有义务为社会贡献力量。

一次偶然的机会让贾拴成了解到共青团石家庄市委正在实行圆梦助学计划。于是，贾拴成主动向共青团石家庄市委打电话询问计划的实行情况。工作人员向贾拴成介绍了相关情况。

在听完工作人员的介绍以后，贾拴成很激动，毫不犹豫地提出了希望能够参与其中的想法。他希望自己有机会去帮助那些因为家庭贫困而没办法继续上学的学生。

他对工作人员说："贫困高中生考大学不容易啊！面对小学、初中、高中艰苦的求学路，他们好不容易快走到头了，即将迎来一个新的转折点，这个时候如果放弃学业，那真是太可惜了。"

"是啊，这些学生的家境贫寒，他们平时一边刻苦努力地学习，一边帮衬着家里，与他们的父母一起分担家里的重活，还要照顾弟弟妹妹，不容易啊！"听着电话里传来的声音，贾拴成连连点头。

工作人员又补充说："希望在我们的共同努力下，这些孩子都能有机会踏进大学的校门。"工作人员的话语给贾拴成很大触动，他想用实际行动帮助贫困学生。

贾拴成的想法得到了父亲的支持，父亲说："你是一名共产党员，为群众服好务是最基本的责任。承担起自己肩膀上该有的责任，也是我们老贾家的优良家风。"父亲的话语也坚定了贾拴成捐资助学的决心。

贾拴成先后资助了五名贫困大学生，他们的学费和生活费贾拴成都承担了下来。

有一次，记者采访他，问他以后有什么目标。贾拴成说道："我有三个大目标。第一个目标是在现有产业的基础上发展高端商品薯，以壮大农村集体经济为契机，在有关部门的支持下，与红薯种植户开展长期合作，实现红薯的保鲜增值，让我们的产品更加适应国内市场的需求，从而推动我们的红薯产业不断跨上新台阶；第二个目标是在我们的共同努力下实现百姓增收、集体富裕、合作社赢利；最后一个目标是资助贫困学生，帮助他们实现大学梦。"

接着，贾拴成又说道："这些目标是我前进的动力，也能让我实现个人价值。"

记者问他："是什么让你在资助贫困学生这件事情上一直坚持到现在呢？除了实现个人价值，还有其他方面的原因吗？"

贾拴成笑着说道："看着那些孩子，就好像看到了曾经的自己。曾经，由于家庭经济条件比较困难，我不想让父母过于辛苦，所以放弃继续上学，就没能走进大学的校门，这也是我的小遗憾吧。所以，当听说共青团石家庄市委在开展助学活动的时候，我就想用自己微薄的力量，让那些和我曾经一样面临贫穷生活的孩子能够有机会踏进大学的校门，希望那些孩子能够学有所成，也希望他们能用知识去改变自己的命运。最重要的是，我希望他们将来做对国家、对社会有用的人，用所学的知识去回报国家、回馈社会。"

贾拴成的脸上洋溢着开心的笑容，他接着又补充道："在我资助的大学生里，最让我心疼的还是村头老李的女儿。她幼年丧母，她的父亲也是多种疾病缠身。她自小便学着大人的样子照顾父亲。平日里再忙，她也会兼顾学业，有闲暇的时间还会来我这里打零工。她坚持不下去的时候，我就让她来找我聊聊天。我算是看着她长大的。看着她一步步朝着理想中的大学艰难前进，我特别欣慰。如今她考上了大学，也打算把父亲接到身边，继续一边做兼职，一边学习。她当初就跟我说，她一定要靠知识改变自己的命运，治好父亲的疾病。我相信她！"

无论是帮助农民脱贫还是捐资助学，贾拴成都用行动展现出了一名新时代共产党员的担当！

第六章　天道酬勤，玉汝于成

走进人民大会堂

贾拴成获得了很多荣誉：2013年被评为"河北省农村青年拔尖人才"；2015年被授予"全国劳动模范"称号；2016年被评为"河北省优秀共产党员"，当选为中国共产党河北省第九次代表大会代表；2019年被授予"河北好人""中国好人"称号；2020年被评为"河北省返乡入乡创业典型"；2021年当选为中国共产党河北省第十次代表大会代表；2022年被授予河北省"岗位学雷锋标兵"称号……在这些荣誉中，最让贾拴成珍视的是"全国劳动模范"这个称号。

2015年4月28日，贾拴成作为河北省的劳模代表走进了人民大会堂，参加庆祝"五一"国际劳动节暨表彰全国劳动模范和先进工作者大会。贾拴成被授予了"全国劳动模范"荣誉称号。贾拴成激动地说，这是党和国家对他的高度认可，是对他多年以来努力工作的肯定，更是对他的鼓励和鞭策。

贾拴成每每回忆起参加那次大会的情景，都会禁不住流下热泪。他想起自己这么多年一步一步地艰难前进，一点儿一点儿地取得成果，这个过程是多么不容易啊！但是，当贾拴成看见薯农

⊙ 2021年8月，贾拴成（左二）在吉林省吉林市丰满区传授红薯种植经验

脸上洋溢着笑容，自己也获得了薯农的支持时，他又觉得一切都是值得的。

贾拴成从北京回来后，父亲对他说："你能被评为'全国劳动模范'，对于我们的家族、对于你的人生来说，都是一件意义非凡的事情。这是党和国家对你的鼓励，所以接下来你就要以更高的标准要求自己，为薯农做更多好事。"

贾拴成心里明白，这些话是父亲寄托在他身上的希望——父亲希望他树立理想、不断追求。

贾拴成知道，自己应该时时刻刻牢记为人民服务的宗旨，将乐于助人的优良家风传承下去。党和国家给他"全国劳动模范"的荣誉，他更应该承担起相应的责任。他告诉自己，一定要更好地去服务社会，特别是在扶贫的征途中，需要他做的事还有很多。他要积极投身于公益助农的事业，深入基层，全心全意为群众服务，用自己多年积累的红薯种植经验和技术，带领群众脱贫致富。

贾拴成给自己写下了如下誓言：一是增强大局观念，做适应国家需要的劳动模范；二是树立创新意识，做开拓进取的劳动模范。

在此后的几年中，贾拴成对待自己的红薯事业也丝毫没有懈怠。他不断引进新品种的薯苗，种植出品质、品相都满足市场需求的红薯。他还潜心研究红薯的种植技术，在改进技术上不断寻求突破。

在党的二十大报告中，习近平总书记发出号召："党用伟大奋斗创造了百年伟业，也一定能用新的伟大奋斗创造新的伟业。全党全军全国各族人民要紧密团结在党中央周围，牢记空谈误国、实干兴邦，坚定信心、同心同德，埋头苦干、奋勇前进，为全面建设社会主义现代化国家、全面推进中华民族伟大复兴而团结奋斗！"

贾拴成积极响应号召，在自己擅长的领域发光发热：一是充分发挥致富带头人的作用，让更多地区的农民加入红薯种植队伍，让他们找到发家致富的门路；二是为薯农带去先进的红薯种植技术，帮助他们提高红薯的产量；三是发挥红薯种植专业合作社的带动作用，为广大农民提供工作岗位，也为更多的农村青年提供施展才华的平台，帮助他们用新知识、新技术取得成功。

终于圆了大学梦

2018年3月，贾拴成以"全国劳动模范"的身份进入了中国劳动关系学院劳模本科班，开启了大学之旅。

劳模本科班的学员主要是"全国劳动模范"、"全国五一劳动奖章"获得者和"全国先进工作者"。在班里，贾拴成自告奋勇地担任宣传委员一职。有的同学说："贾兄真的是我们学习的榜样啊——不仅懂得钻研技术，还会写作，真了不起啊！"

贾拴成却说："和大家一起学习，对我来说是一次既宝贵又难得的机会。在过去的日子里，我靠自学和请教农业专家才学到了红薯种植、加工等方面的知识，取得了今天这样的成果。但是，对于其他很多方面的知识，我仍有欠缺。来到劳模本科班，和大家一起学习、共同进步，我感到既荣幸又开心。过去，我没有机会踏进大学的校门，今天在这里和大家相遇，也算是圆了自己这么多年追寻的大学梦。"

贾拴成一边在劳模本科班里认真学习，一边利用闲暇时间回家处理工作上的事情。在贾拴成的心里，这次学习的机会太难得了，他十分珍惜。虽然贾拴成需要在学校和家之间来回奔波，但是他一点儿也不感觉到累，反而觉得这样的生活非常充实。

在上学期间，贾拴成从没请过假，他利用双休日的时间回家处理事情。北京距离石家庄比较近。在周五的课程结束后，他坐上高铁赶到家里，在周日晚上或者下一周的周一早上赶回北京，继续上课。那几年，贾拴成一直都是这样度过的。

贾拴成在中国劳动关系学院学习的四年，是他人生历程中一个重要的转折点。

令贾拴成永远忘不了的是，2018年"五一"国际劳动节前夕，他所在的中国劳动关系学院劳模本科班全体同学给习近平总书记写信，汇报了他们学习习近平新时代中国特色社会主义思想的体会，表达了他们要当好主人翁、建功新时代的决心。

⊙ 贾拴成在中国劳动关系学院学习期间作为劳模代表在交流会上发言

习近平总书记给他们回了信，并指出："你们为党和国家事业发展作出了突出贡献，被评为劳动模范，如今又在读书深造，这是对大家辛勤劳动、无私奉献的褒奖，也是党和国家对劳动者的关怀。""全社会都应该尊敬劳动模范、弘扬劳模精神，让诚实劳动、勤勉工作蔚然成风。"

贾拴成和同学们认认真真地把习近平总书记的回信读了一遍又一遍，他既倍感光荣、深受鼓舞，也认为自己应该负起相应的责任。

贾拴成快要离校了。一位老师找到贾拴成，问道："对于在这里的学习，你怎么看？"

贾拴成说道："在这里的学习对我来说太难得了，我做梦都想不到有一天还能踏进大学的校门，和大家一起学习。四年的学习时光对于我来说是一段快乐且美好的回忆。在这里，我认识了很多良师益友。在这里，我不仅学习到了很多文化知识，对红薯产业的发展方向有了更深入的理解，而且厘清了以后事业发展的思路。这些对我来说太珍贵了。所以，在这里的学习对于我来说真的是太重要了。如果没有这段宝贵的人生经历，我的人生是不完美的，是有遗憾的。"

老师听了贾拴成的话会心地笑了，拍了拍他的肩膀，说道："好样的！相信你将来在事业上会取得更大的成功，为国家的建设贡献更大的力量！祝你在实现梦想的道路上一帆风顺！"

"请老师放心，在这里学习的四年中，我们都获得了成长。

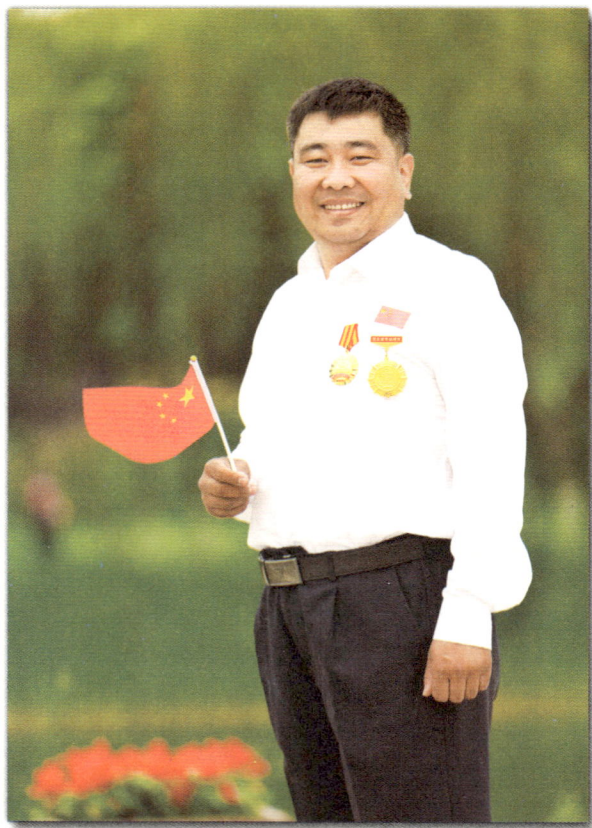

⊙ 2019年，贾拴成参加"我和我的祖国"主题快闪活动

有了这段人生经历，我对未来的生活更加充满信心，更加坚定了做一名'甘甜事业的逐梦人'的决心。将来，我会履行社会责任，努力奋斗，砥砺前行，永远以一颗赤诚的心为国家发展作出贡献！"

与中国劳动关系学院的老师、同学一同前行的四年，是令贾拴成永远难忘的时光。在这里，贾拴成得到了老师的耐心教导，与同学互帮互助。他变得更加成熟，更能适应新时代的发展需要。

虽然大学生活圆满地画上了句号，但是贾拴成的工作仍要继续。

毕业后的这几年，贾拴成继续在自己的岗位上勤勤恳恳地工作，选育出了更多品质优良的红薯，为更多的农民送去了高质量的薯苗。同时，他也在不断地研发新的种植技术，培育更多蔬菜，为市民提供更加健康优质的蔬菜。

在贾拴成的帮助下，很多农户实现了增收，他们都夸赞贾拴成。一位老农感激地说道："你帮了我们的大忙啊！在你的带领下，我们现在在种植红薯方面也可以得心应手地处理一些棘手的问题了，少走了不少的弯路。在你的指导下，红薯的销路也越来越广。"

贾拴成握住老农的手，说道："叔，帮助你们，我也开心啊！带着你们一起致富，是我的责任。"

看着每一位前来道谢的薯农，贾拴成觉得，他所有的努力都是值得的，他没有辜负党和国家殷切的希望，也尽到了作为一名劳模的责任。

父爱温暖女儿心

有人说："父亲就像那巍峨的高山，沉默寡言，却默默地为儿女撑起了一方天地；父亲就像那厚重的城墙，年久失修，却坚不可摧，永远是儿女最坚强的后盾。"是啊，每一位父亲都在用宽阔的肩膀，默默地为儿女遮风挡雨。贾拴成的女儿同样认为自己的父亲如山一样高大，父亲的爱温暖着她和哥哥，滋润着他们的内心。她和哥哥都以父亲为荣，把父亲当作榜样。

自贾拴成的女儿记事以来，父亲虽然没有一直陪伴在她和哥哥的左右，但是毫无保留地宠爱着他们。

在她的记忆里，父亲总是忙碌的，好像没有一刻清闲地待在家里。每天到吃饭的时候，她小小的身影便出现在家门口。她望着门口那条小路，盼望着父亲可以早些从红薯地里回来。

每次回到家，父亲总会把她举起来，放在肩膀上，还会带些零食回来给她和哥哥。母亲总是说小孩子不应吃那么多零食，所以父亲每次都会偷偷地把零食带回家。有时候母亲发现零食了，父亲会笑着辩解："小孩子嘛，偶尔吃一点儿没关系，我们得让他们过过嘴瘾。"母亲听见父亲这么说，只好说："你呀，就会宠着他们。"

在贾拴成女儿的心里，父亲虽然宠爱她和哥哥，但并不溺爱他们。父亲在该严厉的时候还是会很严肃地教育他们。

小时候，哥哥总是特别调皮，在学习上总不上心，就想着和小伙伴出去玩耍。

有一次，哥哥因为顽皮，玩儿小玻璃珠时不小心打碎了婶婶家的窗户玻璃。父亲知道后，着急地拉哥哥去道歉，还要赔钱。婶婶坚持不要，说道："小男孩儿嘛，调皮一点儿很正常。你赔什么钱啊，太见外了。再说了，平日里，你也帮忙照看我家的红薯地，费了不少心思，我们都感谢你啊。"

贾拴成却说："小孩子做错了事情，我们做父母的还是要承担责任的，真是不好意思啊！"

回到家，父亲把哥哥拉到一旁，一脸严肃地对他说道："你知不知道犯错了？爸爸平时都是怎么教你的？我是不是说调皮要有度？"

看着哥哥低着头不说话，父亲这才意识到自己太凶了，他毕竟也还只是个孩子。

妈妈见状，说道："爸爸说的话你都记下了吗？以后不许再捣乱了。"

贾拴成又接着说道："我们犯了错误，一定不能选择逃避。你把婶婶家的窗户玻璃打碎了，只要你对爸爸妈妈说，肯知错就

⊙ 2003年春节，贾拴成和妻子、儿女留影

改，我们就不会怪你。小时候，爸爸也很调皮，总是犯小错误。你爷爷对我说，小孩子犯错误不可怕，不知错才是最可怕的。我们都是男子汉，要学会承担责任，知道吗？"

哥哥望着父亲，泪水在眼眶里打转。他慢慢地走到父亲的身旁，拉着父亲的衣角小声地说道："对不起，我知道错了。"

"好啦，知错能改就是好孩子，你要给妹妹树立好的榜样，你已经是大哥哥了。"

很多时候，父亲对女儿总是温柔一些，或许因为她是女孩子，平日里也不像哥哥那样调皮。所以，父亲总说女儿是他的贴心小棉袄。

小时候，她和哥哥总是不理解父亲为什么会把工作安排得那么满；现在，他们都长大了，父亲却还是一如既往地忙碌。

父亲已经从事红薯事业二十多年了，做出了许多不平凡的事情，大家都说父亲是一个了不起的人。她和哥哥也终于明白，对于那些薯农来说，父亲是带领他们脱贫致富的引导者。就像父亲说的那样，他的肩膀上有必须承担的责任。

她曾对记者说："我的父亲是一个令我们敬仰和骄傲的人。在我们的家庭里，父亲扮演着极为重要的角色。他有担当，为人正直，做起事来也是一丝不苟的。他厚厚的日记本上满满当当地记着关于种植红薯的内容。父亲的言行在潜移默化中影响着我们，让我们悟出做人、做事的道理。父亲真的很辛苦，他的精神很值得我们后辈去学习。"

这就是贾拴成：在种植户心中，他是助推产业发展的技术能手；在他帮扶过的贫困户心中，他是发家致富的引路人；在儿女心中，他是最好的学习榜样。

白驹过隙，贾拴成已经在红薯事业中默默耕耘了二十余载。这些年里，红薯种植技术越来越先进，红薯产业实现了快速发展，薯农的生活日新月异，一切都在发展，但不变的是贾拴成不断攀登红薯事业高峰的雄心，是他带领农民致富的初心与决心。

正因为在我国广袤的田野上活跃着数不清的"贾拴成"，脱贫攻坚的步伐才变得矫健而有力。在新征程上，他们是推进乡村振兴的重要力量。

⊙ 2022年6月，贾拴成（左一）在内蒙古自治区武川县指导薯农种植红薯